性問題行動のある知的・発達障害児者の支援ガイド

性暴力被害とわたしの被害者を理解するワークブック

本多隆司＋伊庭千惠

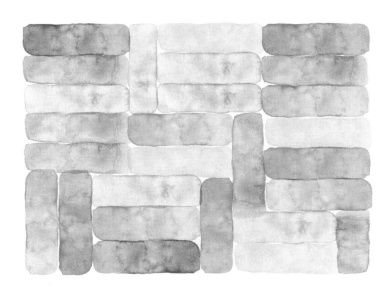

明石書店

まえがき

　私たちは、福祉業務のなかで心理臨床などに携わってきました。非行や犯罪等にかかわる児童や青少年、障害者等への福祉支援もその一つです。なかでも性問題行動や性暴力への対応に困難や課題を強く感じました。さまざまな臨床経験を通して、性問題行動や性暴力は性的虐待のように家庭内という周囲から見えにくい場でも発生すること、児童や青少年など低年齢層においても問題となっていること、家庭や地域だけではなく教育現場においても課題となっていること等がわかってきました。さらに、知的能力や認知能力に制限があるために対人関係をうまく進めにくい知的・発達障害児者が性暴力にかかわった場合、どうすれば彼らの行動を改善して安心・安全な地域生活を送れるようになるのか、支援者として何ができるのかを絶えず問い続けてきました。

　性についての価値観の違いや距離感の違いをどのように扱うか、性問題行動や性暴力をどのようにとらえるのか、アセスメントのポイントはどこにあるのか、そして対象者の特性に応じた有効なプログラムはあるのか、そのようなプログラムはどのように実施すればよいのだろうか。こうしたさまざまな課題を前にして、私たちは性問題行動のある知的・発達障害児者への支援に有効な先進的研究や海外資料等を学びました。そして、実践に役立つものとして、『Footprints：Steps to a Healthy Life』（Hansen, K. & Kahn, T. J., 2006）を翻訳し、『性問題行動のある知的障害者のための16ステップ――「フットプリント」心理教育ワークブック』（明石書店、2009年）として出版、2015年には第2版（以後、『フットプリント第2版』という）を出版しました。これらをもとに障害者や児童の相談機関、障害者支援事業所、司法・矯正施設などにおいて実践を重ねてきました。

　本書の第1部では、個人によって価値観がそれぞれ違う「性」や「セクシュアリティ」について理解を深め、性問題行動や性暴力をどのようにとらえるかを検討します。あわせて認知－行動的アプローチの特徴を踏まえて、『フットプリント第2版』を用いた心理教育・心理治療の進

め方、加えて地域生活支援へアウトリーチした心理的支援の全体イメージを架空事例によって解説しました。青少年や知的・発達障害児者を対象とした支援においては、対象者自身がスキルを習得するだけではなく、習得したスキルを実生活で実践できるように支援者が立場や職種に応じてサポートすることが必要です。そのためには支援者たちが協力、連携しあうことが重要になります。

　また、性問題行動、性暴力という課題に取り組む時、その被害や被害者の理解に関するテーマを避けることはできません。しかしながら、自分の感情や思考に気づくことに課題のある知的・発達障害児者などにとっては難しいテーマであり、『フットプリント第2版』の被害者への共感をテーマとしたステップだけでは不十分ではないかと考えました。そこで、対象とする知的・発達障害児者にあわせて必要とされる内容や組み立てを検討し、『性暴力被害とわたしの被害者を理解するワークブック』を開発しました。このワークは、対象者が自ら起こした性暴力を振り返り、被害者のうけた被害のさまざまな内容を正しく理解し、性暴力の背景に存在する自分自身の認知上の課題を段階的に修正し、被害者に対して可能な限り共感的な理解に接近することを目的としています。本書の第2部には、このワークブックとそのガイドを掲載しています。性暴力の実行者（対象者）が、自分の被害者の視点にたって自らの加害行為を理解するためには、視点を被害者（他者）に置き換えたうえで深く考えることが求められます。このことは、理解力や認知能力に制限のある知的障害者や成長過程にある青少年にとって、決して容易な作業ではありません。公表されている調査やプログラムなどの先行研究は多くなく、とりわけ知的・発達障害児者を対象としたものは目にしませんでした。そのような意味では被害者を理解するワークは開拓中の分野であり、これからも理論を深めワークを充実していかねばなりません。

　「リラプス・プリベンション」、本書ではふれなかった「リスク・ニード・応答性モデル（RNRモデル）」、「グッド・ライブス・モデル」などこの分野の理論構成もここ数年大きく変化しているようです。同時に忘れてはならないのは、最近精力的に進められている福祉と司法の連携、共同作業です。こうした流れに敏感になりながら、わが国の心理臨床や障害福祉の実践の場の現状にあわせて支援を深めていく必要があります。

まえがき

　これまでの出版物や発表は、2007年4月から発足させた「反社会的行動のある知的障害者等への支援研究会（ASB研究会：Study Group on AntiSocial Behaviors）」の活動が契機です。本書もその一つですが、この研究会の活動だけではなく、その実践に深く関わった関係者の方々の意見や助言、感想なくしては生み出すことができませんでした。明石書店の皆さまをはじめ、あらためて感謝いたします。

　本書は私たちの行程を刻んだにすぎないものですが、性問題行動のある知的・発達障害児者への支援に少しでも役立つことを願っています。

2016年4月

本多隆司
伊庭千惠

目次

まえがき 3

第1部
性問題行動の理解と支援

第1章
性問題行動をどのようにとらえるか

1. 性問題行動をどのようにとらえるか……………………………12
   （1）性とセクシュアリティ 12
   （2）性行動と性問題行動 14
   （3）「同意」の有無が性暴力かどうかを決める 16
2. 性問題行動へのアプローチ……………………………18
   （1）心理的支援の枠組み 18
   （2）認知の背景を考える 21
3. グッド・ライブス・モデルにつながる
   『いままでの私／あたらしい私』モデル……………………………24

第2章
性問題行動への心理的アプローチ

1. 心理的支援の3領域……………………………30
   （1）領域 a）性問題行動の再発・再犯の防止 31
   （2）領域 b）セクシュアリティの心理教育 33
   （3）領域 c）習得した知識とスキルを実行して生きる 34
2. セクシュアリティのアセスメント……………………………34
   （1）アセスメントの前に 35
   （2）性問題行動のアセスメント 36
   （3）包括的なアセスメント 37
   （4）性について 39

3. 心理教育・心理治療の進め方……………………………………………42
      （1）心理教育・心理治療の契約　43
      （2）プログラム実施者の態度　43
   4. 被害者への共感的理解に近づく…………………………………………47
   マスターベーションのルール………………………………………………51

第3章
日常生活での実践と支援

   1. 習得したスキルや知識の実践のための支援……………………………54
      （1）女性と仲良くなりたいAさん　54
      （2）通所事業所を利用しているBさん　57
   2. 生活場面で対処スキルを完成させる……………………………………65
      （1）心理的支援と生活支援のつながり　65
      （2）スキルの実行・点検・修正　66
      （3）情報共有の重要性　68
      （4）「あたらしい私」としての出発　69

第2部
『性暴力被害とわたしの被害者を理解するワークブック』を使った支援

第4章
『性暴力被害とわたしの被害者を理解するワークブック』ガイド

   1. 基本的な考え方と構成……………………………………………………74
      （1）ワークの目的　74
      （2）ワークの構成　75
   2. 各セクションのねらいと指導……………………………………………76
      （1）実施に際しての留意点　76
      （2）実施のポイント　77

第5章
『性暴力被害とわたしの被害者を理解するワークブック』

- シート 1. ワークの目的　*93*
- シート 2. 性暴力とは　*94*
- シート 3. 性暴力の被害者（1）　*95*
- シート 4. 性暴力の被害者（2）　*96*
- シート 5. 性暴力の被害者（3）　*97*
- シート 6. トラウマとは　*98*
- シート 7. ストレスをかんじたときの〈からだの調子〉〈気もち〉〈考えかた〉〈行動〉　*99*
- シート 8. 性暴力をうけたあとにおこる問題（トラウマ症状の例）　*100*
- シート 9. Aさんの場合　*101*
- シート 10. Aさんは被害のためにたいへんこまっています　*102*
- シート 11. Bちゃんの場合　*103*
- シート 12. Bちゃんは被害者なのに、自分がわるいとおもいました　*104*
- シート 13. Cさんの場合　*105*
- シート 14. Cさんは登校や外出ができなくなりました　*106*
- シート 15. Dさんの場合　*107*
- シート 16. Dさんはお酒にたよってしまい、会社をやめました　*108*
- シート 17. リラックスしましょう　*109*
- シート 18. わたしの被害者（1）　*110*
- シート 19. わたしの被害者（2）　*111*
- シート 20. わたしの被害者の気もちの理解（1）　*112*
- シート 21. わたしの被害者の気もちの理解（2）　*117*
- シート 22. わたしの被害者へつたえること　*120*
- シート 23. わたしの家族のこと（1）　*122*
- シート 24. わたしの家族のこと（2）　*123*
- シート 25. ワークの復習　*124*
- シート 26. ワークの感想　*125*

文献　*126*

第 1 部

性問題行動の理解と支援

第 1 章

性問題行動をどのようにとらえるか

第 1 部　性問題行動の理解と支援

　性に関する情報は、さまざまな言葉や映像によって私たちの日常にあふれています。私たちのまわりには性を含意するメッセージが絶えず行き来しています。現代はだれもが性に関する情報を容易にそのうえオープンに受信し発信できる時代です。

　しかし、それらが性問題行動という形になった時、急にその声は小さくなります。性問題行動に対してはひそやかにアプローチされ、時としてなかったこととして扱われることさえあります。また、性には「適切さ」という言葉がつきまといます。性についての適切さは時代や文化によっても異なり、関係する当事者の年齢やその属する社会のあり方、規範によって変化します。性は私的な領域の行動であるとされて公共の場で語られることは少ないのですが、実際には人間関係や表現として公的な領域としっかりつながっています。このことは、性問題行動を扱うことの難しさのひとつです。

1. 性問題行動をどのようにとらえるか

（1）性とセクシュアリティ

　性行動は日常的な意味での私的なセックスや性行為に限るものではなく、身体的、心理的、社会的な側面を持っています。したがって、性行動の動機や目的も多様です。それらを表 1 － 1 にまとめました（表 1 － 1 は Ryan, Leversee, & Lane, 2010b, p.316 を一部改編）。

表 1 － 1　性行動の動機や目的

- 見たい、知りたい、試したい、そして教えたい、など好奇心や探求心から学習したい。
- 退屈から抜け出す、ストレスや緊張を緩和する、性的な興奮を求めるなど感情や気分を変化させたい。
- 人間関係、親密さ、友情、愛情など心理的な喜びを得たい。
- もっといい気分になる、もっとうまくできる、自己イメージの回復、コントロールできるなど代償を得たい、心理的に改善したい。
- 仕返しする、苦痛を与えるなど怒りの行動化や報復。

性行動がさまざまな動機や状況によるのであれば、いったい性をどのようにとらえるべきでしょうか。性的健康や性の権利など性を対象としたWHO（世界保健機構）のレポート「性的健康の明確化：性的健康に関する技術援助レポート　2002年（仮訳）」には、この議論に有益な定義や考え方が示されています（WHO, 2006, p.5）。

このレポートでは、性（sex）は多くの言語では「性行動」の意味で使われることが多いとしながらも、

> 「性は、女性あるいは男性を人間として定義する生物学的特徴を示すもので、その組み合わせは互いに排他的ではなく、両方の特徴をもつ個人もあり、その組み合わせによって女性と男性を区別することが多い。（以下略）」

と明確にしたうえで、生物学的な特徴が強調されています。

そのうえで、性的欲望・性行動の総体とされるセクシュアリティ（sexuality）は、より重要で広い意味を持ちます。

> 「セクシュアリティは、生涯を通じて人間の中心層をなすもので、性、ジェンダー・アイデンティティとジェンダー役割、性指向、エロティシズム、快楽、親密さ、生殖、を含む。」

というように、セクシュアリティを、人間にとって包括的な意義や位置づけを持つものとして示されています。

> 「セクシュアリティは、思考、夢想、欲求、信念、態度、価値観、行動、慣習、役割、人間関係において経験され、表現される。セクシュアリティはこれらすべての面を含むが、すべてがいつも経験され、表現されるとは限らない。セクシュアリティは、生物学的、心理学的、社会的、経済的、政治的、文化的、倫理的、法的、歴史的、宗教、スピリチュアルな要素の相互作用から影響を受ける。」

ここで示されたセクシュアリティという概念を使って、限定された意

味を持つ「性」を再検討すると、「性」は人間の諸活動とつながったものとしてとらえることができ、性行動は多様な動機に基づく行動であることがわかります。

さらに、めざすべき性的健康（sexual health）とは、以下のように定義されています。

> 「性的健康とは、セクシュアリティに関連して、身体的、心理的、精神的、社会的に幸福な状態であって、単に病気、機能不全や虚弱さがない状態ではない。性的健康は、セクシュアリティと性の人間関係に対してポジティブでていねいなアプローチが必要とされる。それに加えて、強制や差別、暴力がなく、楽しく安全な性体験の可能性である。性的健康が達成され、維持されるためには、すべての人の性的権利が尊重され、保護され、充足されねばならない。」

性的健康がセクシュアリティと関連づけて説明されることで、単に性的感情の高揚というレベルを超えて人間全体における幸せにつながることが明らかにされます。

セクシュアリティという言葉は、十分に理解され、広く使用されているとは言えませんし、性的健康についても同様です。しかしながら、性をこれまでのように限定的にとらえるのではなく、性行動の総体、さらに人間存在の全体性であるセクシュアリティととらえ直すことで、性問題行動に対する支援の方向性や社会再統合の道筋が明らかになるはずです。

（2）性行動と性問題行動

「性行動は、適応的に機能している行動と、もう一方の不適応的な行動との切れ目のない広がりのなかに存在する」（Blasingame, 2005, p.81）。性行動が多様な動機や状況に基づくならば、性的とは言えない欲求や動機、例えば人間関係を深めたいとか、逆に仕返ししたいという欲求も含まれるかもしれません。必ずしも性的とは言えない動機や欲求に対して性的に反応し両者が不適切に結びつけば、より適切な考え方や行動の獲得は困難になり、健全で適応的な対人関係スキルの獲得や発達が停滞するかもしれません（Blasingame, 2005）。怒りや報復などネガティブな

感情や思考をもとに性的に反応し行動化した場合、過剰な性的反応や不適切な行動が選択され問題行動に発展する可能性すらあります。

　性に対する考え方は、時代によりまた社会により絶えず変化しています（藤岡, 2006）。性についての考え方や価値観は時代、文化、社会、地域、世代によって多様であり、そして多様さそのものは肯定されています。多様であるからこそ、ある性行動が不適切かどうかの基準はひとつとは限らず、明確にあるようにみえて実際にははっきりしないことも多いかもしれません。

　知的・発達障害児者もまた多様な性に関する大量の情報にさらされ、その環境の中でさまざま体験や学習をします。そのうえで文脈や場面などに応じた適切な振る舞いが求められます。一方、知的・発達障害児者に対する社会のまなざしも一様ではありません。知的・発達障害児者が社会で発信される性情報を理解し、適切な行動として実行していくのは容易なことではありません。もし、彼らが社会通念、社会規範、社会的関係、社会的な文脈などについての不完全な学習、あるいは誤った解釈にもとづいて行動すれば不適切な性行動と非難されるかもしれず、良い結果を生みません。また、逸脱した不適応な行動は繰り返されることによって強化されます。

　適応的な機能を果たす行動ではあっても、別の文化や社会では不適切で不適応であるとみなされることがあります。また同じ社会であっても、地域、時間、状況によっては不適応的であると解釈されることがあります。

　性問題行動をした人に知的・発達障害があってもなくても「行動」そのものに違いはありません。しかし、性問題「行動」が、知的・発達障害あるいは経験や学習の機会が乏しかったために自分の感情や行動を点検するスキル、対人関係やコミュニケーションのスキルなどの獲得や習得が終わっていない、もしくは誤って学習した結果であるとすれば（Blasingame, 2005）、知的・発達障害児者が自分の障害特性にあわせて自己コントロールするスキルを獲得し、今までの行動の仕方を修正し、生活環境を調整しながら獲得したスキルを実行すれば性問題「行動」のリスクは低減できるはずです。

　ここでいう性問題行動は、刑法、児童福祉法、さらに都道府県条例である迷惑防止条例や青少年保護育成条例などの法律に対する違法行為や

性犯罪を含む逸脱した性行動だけではありません。違法性や加害性が低かったり、犯罪行為とまでは言えないけれども、状況によって好ましくない不適切な性行動も含む幅広いものを含みます。

（3）「同意」の有無が性暴力かどうかを決める

　性問題行動に対する支援や指導にあたっては、違法性、加害性、行為者の意図などだけに着目するのではなく、その中核を性暴力としてとらえることが重要です。性暴力とは、身体的な暴力を伴った性加害行動だけを指すのではありません。ライアンによれば、性暴力とは、①被害者の意思に反している、②同意がない、③攻撃的、搾取的、詐欺的、脅迫的手段によるものである、とされています（Ryan, 2010）。被害者の意思に反し、同意がなく、その結果当事者同士の間に対等さの保証がなく、強制的手段による行為を性暴力と定義します。

　ライアンはいくつかの資料を援用して、同意には以下の6つの条件をすべて含むとしています（Ryan, 2010, p.4）。表1－2にそれを示します。

表1－2　同意の条件（Ryan, 2010, p.4 による作表）

① 何をしようとしているのかを理解している。
② 何をしようとしているのかに対する社会の基準についての知識がある。
③ 可能性のある結果や別の異なる選択肢がわかっている。
④ 合意することも合意しないことも等しく尊重されることが前提である。
⑤ 自発的な決定であり選択である。
⑥ 精神的な能力がある。

　たとえ当事者の一方が「はい」と言ったとしても、その人がこれから何が起こるかがわかっていない場合、当事者間の対等さは損なわれます。また互いが同年齢であったとしても、同程度に知識がないならば対等ではありません。表1－2の同意についてのライアンの6条件は、性行動について同じ情報を得たときの「情報理解の対等さ」（Mussack,

2006a, p.50）であるともいえます。当事者の間に、性行動の結果について知識の量に差がある、結果を理解できるレベルにないならば、そこに対等性はなく「パワーの不平等」（Mussack, 2006a, p.51）とみなすことができます。対等さは、「身体的発達・認知的発達・情緒的発達の差異、受動的か自己主張するかの違い、力と支配の差、権威の差から検討」されるべきものとされます（Ryan, 2010, p.4）。

　表1－2の同意の条件④にあるように、合意しないこと、嫌と言うこと、すなわち「拒否の権利」（Mussack, 2006a, p.53）も同意に欠かせない条件です。当事者の一方の拒否の権利を当事者のもう一方が無視あるいは軽視する、身体への暴力や乱暴な言葉による明らかな脅し、あるいは望むものを与えないなど見えにくい脅し、などを背景にしてパワーの格差を不当に利用するプロセスが「強制」です。強制的行為は同意を破壊します。

　同意とならんで「境界線」も重要な概念です。境界線とは、自他を区別するもの、プライベート（私的領域）とパブリック（公的領域）を分けるものです。同意と同様に正しく理解し実践することが求められます。お互いの同意なく境界線を越えることは、一方的に相手のプライベートを侵害することであり暴力とみなされます。

　身体的・言語的暴力の伴わないことが多い窃視や下着盗なども性暴力に含まれます。身体的な暴力や脅し、暴言などの言葉による暴力ではなくても、プライベートな領域を侵害しているという点では窃視や下着盗も同意のない境界線の越境にあたります。性暴力は、加害者に加害行為をする意図がなくても、その行動の特徴で判断するべきであって、被害者がどのようにとらえたかが重要です。

　同意と境界線は、ハンセンとカーンによる性問題行動のある知的・発達障害児者を対象としたプログラム（Hansen & Kahn, 2012 本多・伊庭監訳 2015；以下『フットプリント第2版』と略す）における心理教育・心理治療の鍵となる概念のひとつです。性知識や性行動、対人関係などセクシュアリティを心理教育するうえでの重要ポイントで、日常生活で適切に実践することが求められます。当事者の間に同意がなければ、それは性暴力であると認識するべきで、性暴力と呼ぶことにためらいがあるからといって、"いたずら"と言い換えるのは適切ではありません。

被害者にとっては、たとえ身体的暴力を伴わなくとも「児戯＝いたずら」などではなく、そのように表現するべきではありません。加害者には自らの加害行為を否認したり、「たいしたことではない」と矮小化するなどの傾向があります。これを加害者に特有の認知の歪みと言われていますが、性暴力を「いたずら」と言い換えることは、加害者の誤った認知を肯定し、強化するおそれがあります。加害者への指導や日常支援に携わる支援者は、性暴力の意味を十分理解しておく必要があります。

2. 性問題行動へのアプローチ

　支援を行う目的は、対象となる人が性問題行動をしないでその人生をよく生きることです。知的・発達障害があるからといって、施設などに隔離するだけでは問題行動の解決にはなりません。誰にとっても健康的で安全な生活をめざして、就労支援や日中活動支援など地域生活支援により対象となる人が社会に再統合していくことをめざすものです。

　性問題行動へのアプローチの方法として、性暴力をしないで生きるための心理教育・心理治療を体系的に組織化したプログラムが普及しつつあります。本書では心理教育・心理治療をあわせて「心理的支援」と呼びます。知的・発達障害児者を対象としたプログラムを用いた心理的支援の基本的な枠組みについて述べます。

　心理治療はセラピーと呼ばれることが多く、セラピーを実施するセラピストに対し、その対象者をクライエントと言います。本書では、前者を「プログラム実施者」、後者を「対象者」と呼びます。プログラム実施者としますが、プログラムによらずに心理的支援を実施するセラピストも含みます。

(1) 心理的支援の枠組み
(a) 心理教育
　心理教育は、当事者や家族を対象に精神疾患の理解やトラウマ・ケアなど幅広く実施されています。前田・金（2012, p.11）は心理教育を技法ではなく姿勢であるとして、当事者の主体性の重視、客観的エビデンスによるモデルの提示、望ましい行動変化の促進の3点が重要だと強調

しています。ここでは、心理教育を、ある問題を対象に、正しい情報や知識について心理的側面を重視しながら伝え、問題に対する主体的な対処方法などを獲得させ、社会生活における実践を支援することととらえています。主体的な対処を支えるのは自己効力感であり、対象となる人へのエンパワメントの支援が欠かせません。(1)

(b) 認知－行動的アプローチ（認知行動療法）

先に紹介した『フットプリント第2版』は、認知－行動的アプローチ（認知行動療法）の枠組みを意識して組み立てられており、これは知的・発達障害に適した技法であるとされています（Blasingame, 2005）。

認知－行動的アプローチ（認知行動療法）では、人がある出来事を体験した時に、その出来事に対して、どのように考え、どう感じたか、どう行動したかに着目します。理解や判断、行動の見通しなどを認知と呼びます。困った出来事や直面した問題ではなく、それらをどのように理解し、判断したかという認知の問題とします。ストレスがわかりやすい例ですが、大勢の前でスピーチを頼まれている人がスピーチすることを思い浮かべただけで胃が痛くなるという場合を考えてみると、スピーチすることがストレスの原因に見えますがそうではなく、大勢の前でスピーチするなんて自分にはとてもできないし大変なことだと思う（認知する）ならば、胃痛というストレス反応となります。逆に皆に注目されるチャンスだと考え（認知する）れば、ストレス反応はなくなるか、あったとしても小さくなります。出来事そのものではなく、出来事をどのようにとらえたかが問題なのです。もし、その時の認知、つまりものごとのとらえ方が誤っていれば、問題行動や不適応的な行動や反応が引き起こされると考えます。それなら、認知を学習などによって変化させることができれば、行動や症状の改善を図ることができるはずです。

坂野（1995）は、認知行動療法の技法について、行動的技法と認知的技法に分けて説明しています。行動的技法では、日常生活の中で対象者自身が自分の行動や認知に気づいて新しい適応的な行動を探るために、活動記録表を作成し記録した行動を評価し、リラクゼーションやロールプレイ（ソーシャルスキルトレーニング、アサーショントレーニングなど）を行います。また、認知的技法は、対象者の特定の誤った考えと不

適応的な思い込みについて、その妥当性を検討し変容するために用いられます。

(c) リラプス・プリベンション・モデル

リラプス・プリベンション・モデル（Marlatt & Donovan, 2005／原田訳, 2011）は、「認知－行動的枠組みに基づいて、再発（リラプスrelapses）しやすいハイリスク状況を特定し、また同様の状況下での再発を予防（プリベンション prevention）するための認知的・行動的なコーピング方略を用いること」（前掲書, p.1）を学習し実践することとされます。対象者は性暴力につながりやすいハイリスクな状況を理解したうえで、その状況に対する対処方法（スキル）を習得し、性暴力ではない別の行動を実行し結果を変えることを目指します（本多, 2011）。リスクの高い外部の環境の変化や、感情や思考など自分の内部の状態の変化を対象者自身がモニタリングし、不適応な対処行動を新たな適応的な認知や行動に置き換える作業によって対象者自身による自己コントロールが可能になります。このリラプス・プリベンション・モデルには議論もあるところですが、アルコール依存や薬物乱用などに始まり、違法物質乱用、喫煙、ウエイトコントロールなどにも適用され、性問題行動等に対するアプローチとしても導入された手法です。

(d) 自己コントロール

性問題行動のある知的・発達障害児者には、リラプス・プリベンションと後で説明する認知再構成／再体制化は極めて有用な治療方略であるとされています（Blasingame, 2005）。自己コントロールとは、実際の生活のなかで性問題行動につながる可能性のあるハイリスクな状況とそれに続く自分の認知をモニタリングし、その認知と結びついた行動、感情、考えを変化させることであって、問題行動に対処するスキルです。

対象者が自分をモニタリングし行動した結果に対して、プラスのフィードバックを受けることができれば、自己効力感をより高めることができるはずです。どれくらい適応的な行動がとれるかという見通しを持つことができれば、対象者の課題に対する不安は減少し、より適応的な行動が定着するでしょう。

性問題行動、なかでも性暴力は「不適応的で必要以上に学習された（軽率で自動的な）習癖化したパターンで、一般に即座の満足感を伴うもの」（Blasingame, 2005, p.82）だとされています。冒頭で述べたように、性行動がさまざまな動機や状況によるのであれば、必ずしも性的とは言えない怒りや退屈などのネガティブな感情や社会生活上の困難などに対して、不適応行動すなわち性問題行動によって対処していると考えられます。そうだとすれば、性問題行動につながる環境への自分の認知や考え、感情などに自らが気づき、自らが対処するためのスキルを身につけることで、性問題行動を自己コントロールして防ぐことができると考えられます。

（2）認知の背景を考える

認知とは認識、判断、思考を含むもので、認知によって行動や感情などは強く影響されます。行動や感情に問題が生じたのは認知に誤りや偏りがあったからだと考えて、「認知の歪み」と名付けました。(1)(b)で説明したように、認知行動療法は、認知に働きかけて対象者の行動や感情の問題を修正しようとする心理的アプローチです。『フットプリント第2版』では認知の歪みを「考えかたエラー」と名付け、学習のテーマとしています。その例として、『人のせいにする』『ちいさなことだ、たいしたことではない、と考える』など10種があげられています。いずれも合理的ではなく常に正しいとは言えない思い込みや先入観に近いものです。最小化、正当化、否認、言い訳などで性加害では特徴的にみられるとされてきました。

こうした認知の歪み／考えかたエラーの修正を試みる時、対象者の障害などの特性や生活歴などの背景を見過ごすことはできません。その認知の背景として、(a)知的障害の状態、(b)虐待やいじめなどの被害体験、(c)愛着形成を基盤とした対人関係の問題の3点を取り上げます（隈部・伊庭・細田・姥・竹腰・福嶋・本多, 2015）。

(a) 知的障害との関連

知的障害は、「知的機能と適応行動における重大な制約によって特徴づけられた障害で、それは日常のさまざまな社会的、実用的スキルに及ん

でいる(後略)」(American Association on Intellectual and Developmental Disabilities :AAIDD：米国知的・発達障害協会）とされているように、認知能力にも制約があります。誤った学習や不十分な学習のために、対人関係や性に関することを含んで、社会性において正しい理解に基づくスキルが身についていないことが考えられます。時には誤った理解や未熟な理解は考えかたエラー（認知の歪み）との判別が容易ではないことがありますが、認知能力の制約による偏った理解が、結果的に不適切な行動に至るのであれば、ある事象に対する誤った理解や未熟な理解を、再教育や指導によって新たな認知に修正する必要があります(2)。心理的支援の実施者は、対象者の知的能力の特性を念頭におき、心理教育・心理治療の過程において、対象者の反応内容を詳細に検討し、問題があれば指摘する必要があります。そして、その認知の歪み／考えかたエラーの修正を必要とする課題として取り上げ、理解を促す指導や具体的なレベルでの心理教育を繰り返し行います。

(b) 被害体験の影響

　知的・発達障害児者の被虐待や性被害のリスクは高く、われわれの調査では反社会的行動のある者のうち被虐待体験は約61％にみられました（川口・松澤・細田・陳・伊庭・隈部・福嶋・本多, 2007；伊庭・松澤・細田・川口・陳・隈部・福嶋・本多, 2007）。調査方法や設定の仕方により異なりますが、性的虐待を受けた者は26％から83％の範囲におよび、さまざまな理由により脆弱であると指摘されています（Blasingame, 2005, p.5-6）。被虐待体験や被害体験がすぐさま反社会的行動や性問題行動に結びつくものではありません。また加害行為を正当化するものでもありませんが、その影響は深刻です。被害を受けた人のなかには、過覚醒、麻痺、侵入などのトラウマ症状(3)を訴えることがあります。トラウマ症状により認知能力の低下や偏りが生じ、その結果思考や感情に影響することもあります。自分の力では対処できないほど圧倒的な出来事と遭遇することで、自己効力感が著しく低下することもあります。被虐待や被害体験によるトラウマ症状や自己効力感の低下が顕著な場合、生活場面ではさまざまな不適応な状態が推測されますが、その不適応状態は対象者の誤った認知／考えかたエラーがもたらした結果で

あるとも考えられます。被虐待や被害体験は対象者の認知の背景として重要な要素であり、加害行為に関する心理的支援を進めていくうえで慎重に取り扱う必要があります。場合によっては、医療的支援を含めた多面的な観点からのアプローチが望まれます。

　対象者が体験した虐待やいじめ、性被害などの被害がすでに判明していることもありますが、指導や支援の過程ではじめて被害体験が語られることがあります。被害体験が明らかになる、あるいは明らかにする過程では注意深い進め方が求められます。また、グループセッションの場合、テーマのひとつとして設定されることもあるでしょう。グループセッションではグループメンバーがそれぞれの体験などを明らかにすることで、グループ内のメンバーで共有されます。そのプロセスを通して、周囲に肯定的に評価されるあるいは共感的に理解されることで、対象者が自分の遭遇した出来事について理解を深めることができます。(4)

　自分では対処不能な出来事との遭遇によって、その被害体験から誤った性行動を学習することもあり、心理教育や性行動の再学習による修正が必要です。被害体験のために自己効力感が低下している場合には、性問題行動にとらわれることなく日常的な行動や課題を段階的に達成できるよう支援し、成功体験を蓄積して対象者の自己効力感を高める働きかけが求められます。(5)

(c) 愛着形成に関連した問題

　知的・発達障害児の養育において、乳幼児期の全般的な発達の遅れや興味関心の偏りなどにより養育者が子育てに困難を感じたり、子どもの障害を受容しがたいことがあるかもしれません。その結果、幼少期の愛着形成に何らかの課題がみられる場合があります。また、(b)で説明したトラウマ症状をもたらすような激しい被害体験はないものの不適切な養育環境により日常生活のスキルを習得できなかったために、ある程度の知的能力はあっても生活スキルの未熟さから性的な意味を含んだ問題を起こすことがあるかもしれません。あるいは、知的・発達障害がある場合、激しい被害体験がなかったとしても、例えば学力が低いことなどから日々劣等感を感じているために、学習のみならず日常生活全般に不全感を感じていたことに周囲が気づかないという場合があります。

愛着形成や養育環境の課題が後の対人関係や社会性の問題へと波及し、性問題行動に影響している場合もあるでしょう。健全な性行動の再学習とともに、生活のあらゆる場面で対象者に対して肯定的あるいは修正のフィードバックを繰り返し行う必要があります。

対象者の認知プロセスの背景には、こうしたさまざまな可能性が考えられます。認知の歪み／考えかたエラーは、プログラムを使った心理的支援のなかで対象者の気づきなどによって明らかになることが多いものです。その結果性問題行動の前から存在していたのか、行動後に生じたものかははっきりしません。

認知が認識、判断、思考を含むものであれば、対象者の周囲に生じた人間関係や出来事を見て、あるいは聞いて、その内容を解釈し、反応するという情報処理にも似た一連のプロセスと言えましょう。対象者の認知、感情や思考にアプローチするならば、これまで述べてきた対象者の認知能力、被害体験の有無、生育歴におけるさまざまなエピソードなどに加えて、認知の背後にある対象者に固有のものごとのとらえ方（スキーマとも呼ばれる）などに着目する必要があるかも知れません（Murphy & Page, 2014 を参照）。なお認知のプロセスについては、第4章『性暴力被害とわたしの被害者を理解するワークブック』ガイド」において再び取り上げます。

3. グッド・ライブス・モデルにつながる『いままでの私／あたらしい私』モデル

『フットプリント第2版』に新たに導入された『いままでの私／あたらしい私 Old Me / New Me』モデルは、問題行動につながる認知や思考、行動を修正し身につけるための具体的な手法であると同時に、これから生きていく方向性やその端緒となる価値観について示すものです。「あたらしい」と「いままでの」は、善悪というニュアンスもありますが、それだけではありません。『私』とは学習している対象者自身であり、単なるラベルではありません。

「『いままでの私』とは性問題行動に結びつく悪い思考や行動を表現す

るものです。『あたらしい私』とは、悪い性行動から私を離脱させた良い思考と行動を表現」しています（Hansen, 2006, p.116）。『あたらしい私』は、性加害をせずに健全で充実した人生を生きる方向をめざすことであり、人間的価値として示されます。新たに身に付けた正しい行動や進むべき方向を示し、新たなパーソナリティであり、行動パターンです。『いままでの私』は問題行動につながる改善されていない停滞を示し、『あたらしい私』をハイリスクな状況に引きずり込もうとするものです。

　だからといって『いままでの私』を捨て去り、『あたらしい私』を外から取り込むということではありません。「どんな時も『いままでの私／あたらしい私』は自分の中にある」（Haaven, 2006a, p.79）。人生をコントロールするのは、『いままでの私』ではなく私の中の『あたらしい私』であるべきであって、それを獲得し日常生活において実践することを支援するのが心理教育や心理治療のプロセスです。『あたらしい私』は思考と行動です。認知行動療法の枠組みで言えば、『いままでの私／あたらしい私』モデルは知的・発達障害を対象とし、不適応行動をもたらす非機能的な認知を修正することを目的としたより具体的で対象者の認知レベルに合わせた認知再構成の技法です（Haaven, 2006b）。

　技法上の特徴はこれまで述べた通りですが、このモデルによる心理的支援は、対象者の心理的な偏りや加害リスク要因へアプローチしながら、その健康さを強化し、ストレングスに基礎をおくアプローチである点が重要です（Haaven, 2006a, p.71）。パワーレスの『いままでの私』から、ストレングスに着目して『あたらしい私』へとエンパワメントします。「……しない」などの回避すべき目標ではなく、健康さやストレングスなどポジティブな生き方への積極的な目標への接近を掲げています。『いままでの私／あたらしい私』モデルは、「社会への責任を持ち、幸せで健康的な人生を送るために支援しエンパワメントすることを目的とした」（Purvis, Ward, & Willis, 2014, p.194）グッド・ライブズ・モデルにつながるものです。

　グッド・ライブズ・モデルとは「犯罪者の更生に関してストレングスに基礎をおく理論で、個々の犯罪者の再犯リスクに取り組み、同時に犯罪者が充実したそれぞれに有意義な人生をおくるよう支援しようとす

る」(Ward, 2012, p.58) ものです。このストレングスに基礎をおくアプローチは、「犯罪者個々の関心、能力、願望に応える」(前掲書, p.66) ことをめざします。さらに、犯罪行動をせずに自分の人生を生きることを支援することが再犯の防止につながると考えます。

このモデルのめざすような対象者の人生を支援し生活の質の向上を通じて再犯を防止するという仮説に対して、エビデンスに基づき証明することは困難だとの指摘があります（染田, 2012, p.138）。しかし藤岡（2014）はこのモデルについて、「プログラム実施の目的と価値に関する枠組みを提供するもの」(p.19) とし、加害者の指導や支援にとっては極めて有効な視点の転換であるとしています。

グッド・ライブズ・モデルでは、以下のような身体、自己、社会生活の各ニーズから得られた基本財を求めようとするものであって、犯罪によらずしてどのように充足させるかが重要であるとされています（Haaven, 2006a, p.80）。

① 身体の基本財：身体の健康（維持）機能
② 自己の基本財：自律性、社会のつながり／地縁血縁、力量
③ 社会生活の基本財：ソーシャルサポート、家庭生活、有意義な職業への就労機会、リクリエーション活動への参加

なお、後にこれら全般を11種の「人間の基本財 primary human goods」(Ward, 2012, p.67) とされました。

ここに『いままでの私／あたらしい私』モデルを重ねれば、『あたらしい私』が対象者をその価値の獲得に向けて方向づけていると言えるのではないでしょうか。

ポジティブな目標へ接近しようとする『あたらしい私』による方向づけを推進するには、自分自身がコントロールしている、自分は他者からの要請に応えているという自己効力感が持つ役割は大変大きいと考えます。グッド・ライブズ・モデルは知的・発達障害に限定したモデルではありませんが、自己をパワーレスな『いままでの私』ではなくエンパワメントされた『あたらしい私』と理解し、対象者が自己効力感を強めることができるとすれば、知的・発達障害児者にとっては極めて大きな意

義を持つものです（Haaven, 2006a, p.81）。

注
⑴ 後述するように、トラウマに対する理解を深めるためにトラウマのある対象者に対して症状や対処法を説明する心理教育は大変重要である。
⑵ ヴィゴツキーは、現在の知的発達の水準と他者からの援助や教育などにより達成可能な水準とのずれを「発達の最近接領域」と呼んだが、『フットプリント第2版』はその概念をもとに知的・発達障害児者を対象として構成された（Blasingame, 2005; Hansen, 2006）。
⑶ トラウマ症状はトラウマの結果や影響であり、第4章、第5章における重要な概念である。「ひとつひとつのトラウマは、単一、またはいくつかの出来事、あるいは状況の組合せに起因しており、身体的心理的に有害または生命を脅かすものとして体験され、個人の機能や心理的、身体的、社会的、感情的、精神的幸せに対して長期にわたる有害な影響を与える」（SAMHSA, 2014, p.7）と定義される。SAMHSA(2014). SAMHSA's Concept of Trauma and Guidance for a Trauma-Informed Approach. Prepared by SAMHSA's Trauma and Justice Strategic Initiative July 2014. Retrieved from https://store.samhsa.gov/shin/content/SMA14-4884/SMA14-4884.pdf (January 9, 2018) Substance Abuse and Mental Health Services Administration.
⑷ 『フットプリント第2版』の著者の一人 Hansen.K. 私信、2015年6月
⑸ 先述の被虐待経験を調査した川口他（2007）や伊庭他（2007）において、不適切な養育として取り上げた。いわゆるネグレクトだけでなく、養育者や関係者の知識不足や理解不足により、本人の能力や障害の特性に応じて、適切で必要な関わりができないために、過大なストレスを与えるなどの状況も含めたものである。その状況はさまざまであるが、保護者の養育能力不足、障害理解の不十分さ、衝撃的な場面への暴露などがみられた。反社会的な行動との関連では、成人期以前の広範な時期に発現し、長期化する傾向がみられ、複数の反社会的行動を重複した事例が多かった。
被害体験は性被害だけにとらわれず、虐待、家庭機能不全、いじめ被害などによるトラウマとしてとらえる。（第2章の注⑷も参照）
⑹ Good Lives Model（GLM）を直訳すれば「良い人生モデル」であるが、意味内容がつかみにくいので原表記そのままとした。
⑺ ウオードは以下の11種をあげる。⑴人生（健康な生活と機能など）、⑵知識、⑶遊びに優れていること、⑷仕事で優れていること（熟達した経験など）、⑸行為主体として優れていること（言い換えれば、自律性と自主性）、⑹内的平穏（言い換えれば、情緒的不安やストレスから干渉されない）、⑺交友関係（親密な対人関係、恋愛関係、家族関係など）、⑻地域社会、⑼精神性（広い意味で人生の意義や目的を見いだす）、⑽幸福、⑾創造性（参照；Laws & Ward, 2011　津富他監訳 2014, p.221-225）。

第 2 章

性問題行動への心理的アプローチ

性問題行動のある知的・発達障害児者の支援は、対象者が問題行動をしないでよく生きることが目的です。それがだれにとっても健康的で安全である地域生活につながるとともに対象者の社会への再統合をめざすことになるはずです。この章では、「フットプリント」(1)など性暴力防止を目的としたプログラムの実施にあわせて、性問題行動のある知的・発達障害児者への心理教育・心理治療のポイントを述べます。

1. 心理的支援の３領域

これまで私たちは、問題の程度や頻度、経過、年齢、生活状況などが異なる対象者に対して実践を積み重ねてきました。こうした実践の検討と「フットプリント」の内容を踏まえて、必要とされる心理的支援は以下の３つの領域に整理することがプログラムの実施者や支援者にとって効果的ではないかと考えました（隈部・伊庭・細田・姥・竹腰・福嶋・本多, 2015）。

それぞれの領域とその内容、具体的なテーマをまとめて表２−１に支援の枠組みとして示します。

表２−１　支援の枠組み

領域	a) 性問題行動の再発・再犯の防止	b) セクシュアリティの心理教育	c) 習得した知識とスキルを実行して生きる
内容	性問題行動の再発や再犯の防止を目的とした心理教育・心理治療	性知識、性行動、対人関係などセクシュアリティに関連した知識、ルール、スキルの心理教育	対象者のストレングスを軸として、心理教育・心理治療により対象者が習得したスキルや知識を生活場面で実践することへの支援と地域生活の支援
具体的なテーマ	自分のリスクを知る 自分をモニタリングする 自己コントロールのスキルを獲得する 認知の歪み（考えかたエラー）を修正する 性暴力被害と被害者を共感的に理解する 「あたらしい私」としての行動や考え方を習得する	同意 境界線／プライベートとパブリック 対人関係／コミュニケーション マスターベーションのルール 感情のコントロール 性・生殖・命・性感染症など教育	ストレングス 自己決定／自己選択 就労支援・日中活動支援・居住支援等 愛着・対人関係（発達支援） 支援者ネットワークによる支援 地域生活の実践

領域a）、b）、c）とありますが、実施の順序を表しているわけではなく、どの領域に力点をおくかは対象者の状況や社会環境によって大きく異なります。すべての領域について対象者の特性や社会環境等に応じてプログラム内容を個別化することが必要です。それぞれの領域について具体的に説明します。

（1）領域a）性問題行動の再発・再犯の防止

支援者など外部の力だけによるのではなく、対象者自らが性問題行動の再発（再犯）を防止するためには、自分をコントロールするスキルを身につけなければなりません。もちろん、道徳的な判断、状況の判断、再発（再犯）をしないという意志、同意など性に関するさまざまな知識などは重要です。しかし、それらに加えて、性問題行動の再発（再犯）をしないための方法を対象者自身が身につけることによって確実なものになるはずです。「フットプリント」をはじめとするプログラムは、対象者が自らをコントロールするスキルを身につけることを目的にしています。

行動のコントロール方法を学ぶためには、行動がどのようなプロセスで起こるかを知る必要があります。

行動はきっかけ／先行刺激ー思考・感情・行動ー結果の連鎖であるとみなします。なんらかのきっかけ／先行刺激によって行動が始まり、結果がもたらされます。その結果は次の行動のきっかけともなり、行動は連鎖します。

図2-1　性問題行動の考え方

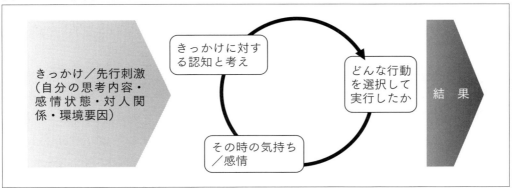

行動をこのようにとらえたうえで、問題行動に対して認知－行動面にアプローチするのが認知行動療法です（図２－１参照）。第１章でみたように認知行動療法（認知－行動的アプローチ）では、人がある出来事を体験した時、つまりきっかけ／先行刺激に遭遇した時にどのように理解し、判断し、見通しを持ったかに着目します。認知－行動的アプローチでは認知が重要な役割を果たすと考えますが、きっかけに気づくということはきっかけを認知したことです。もし、認知に誤りや歪みがあれば感情や思考ともつながって問題行動に結びつくリスクは高まります。例えば、ある時の他者の言葉や表情に気づき、自分を非難しているに違いないと一方的に認識し、さらにすぐさま反撃すべきだとの考えに至れば、問題行動につながる可能性は飛躍的に高くなります。したがって、図２－１の「結果」を変える、つまり対象者が問題行動ではない適応的な行動を選択し実行するためには、対象者の誤った、歪んだ認知を新たな認知に修正する必要があります。

　性問題行動ではきっかけ／先行刺激は対人トラブルなど対象者を取り巻く人間関係や社会的関係とその変化、さらにそれらによって引き起こされた対象者自身の気分、感情、思考、行動など対象者の内側の状態も含まれます。ここでは認知に強く着目していますが、感情への気づきも重要です。認知に密接につながった感情もありますし、準備状態を形成することもあります。上の例で言えば非難されていると認知してイライラすることもあれば、別の出来事でイライラしている時に非難されていると認知しイライラがひどくなることもあります。

　きっかけは一つだけではありませんし、いつどのように遭遇するかは予測できません。きっかけ／先行刺激は問題行動を再発させるリスクと言えるもので、だからこそあらかじめ自分のきっかけを知ることが行動のコントロールの第一歩です。

　自分の感情や認知（の誤り）などの内側の状態や外部の環境をモニタリングし、正確に理解し対処するという自己コントロールのスキルは、対象者とプログラム実施者が協働して作り上げ、地域生活において実践し、確認し、必要に応じて修正を加えていきます。対象者が気づき・理解・対処という一連のながれを知ると、自分の性問題行動は偶発的なものではなく、自分の内側で一定のプロセスを経て出現したものであると

理解することにつながります。その結果、自分の問題行動は自分の力で修正が可能であるということがわかります。

　きっかけ／先行刺激に対する気づきと認知のプロセスの点検が行動のコントロールには重要です。第1章で認知に関してみたように、認知の背景に障害の特性、対象者自身の被害体験、愛着の問題が潜むことがあります。性問題行動につながった認知の歪み／考えかたエラーの特定や修正は重要ですが、それだけにとらわれるのではなく、どうしてそのような認知に至ったのかを検討すれば、対象者の行動の理解は深まり、地域生活における支援のポイントにもつながるはずです。

　こうしたスキルを習得し、そのスキルをより効果的に機能させるために忘れてはならないのは、対象者が自分の性暴力被害とその被害者を理解することです。対象者の加害行動が被害者にどんな結果をもたらし、被害者は現在どのように生活しているか、被害に対してどのように感じているかを対象者は共感的に考えるというプロセスを欠かすことはできません（第4章『性暴力被害とわたしの被害者を理解するワークブック』ガイド、第5章同ワークブックを参照）。

（2）領域b）セクシュアリティの心理教育

　セクシュアリティに関する心理教育はいわゆる性教育とは異なります。セクシュアリティは、第1章でみたようにセックスや生殖だけでなく、ジェンダー、態度、価値観、人間関係においても経験され表現されるものです。この分野では年齢や生活状況、性問題行動の内容等にかかわらず共通して身につけておくべき知識、ルール、生活のスキルを心理教育します。

　一般的な対人関係のルールとして同意や境界線の尊重、プライベートとパブリックの区別などは、加害者にならないための、同時に被害者にならないための基本となる知識と行動です。マスターベーションのルールもまた、境界線、プライベート、パブリックなどの知識と考え方をもとにしています。これらに加え、セクシュアリティの心理教育は、感情のコントロールやコミュニケーション・スキル、自己コントロール・スキル、対人関係のスキルアップ・トレーニングなど広範囲に及びます。

　健康さへと向かう対象者のセクシュアリティは、支援者などから一方

的にコントロールされるものではないはずです。対象者を孤立させず、適切な情報と社会的な機会の提供を受けたうえで、実際の社会的関係や地域生活を通じての経験とフィードバック、場合によっては支援も含め対象者自身が発展させていくものです。

（3）領域 c) 習得した知識とスキルを実行して生きる

　教育、就労支援、居住支援、日中活動支援、余暇支援など障害者に対する地域生活支援は、これまで障害福祉分野においてさまざまな実践が重ねられてきました。もし生活支援が不十分なままで性問題行動の再発防止を目的とした心理的支援が行われれば、生活上の困難から性問題行動につながるさまざまなリスクが維持されるかもしれません。一方、生活支援だけが行われ性問題行動への対処が不完全なままでは同様にリスクは維持されるでしょう。『フットプリント第 2 版』などのプログラムで習得した「あたらしい私」としてのスキルや知識、つまり領域 a) 性問題行動の再発・再犯の防止、領域 b) セクシュアリティの心理教育で得た知識やスキル、領域 c) ストレングスを軸とした地域生活支援がバランスよく包括的に実践される必要があります。こうした支援の例を第 3 章に架空事例として示しています。

2. セクシュアリティのアセスメント

　対人援助や福祉的支援においてアセスメントの重要性は言うまでもありません。通常、プログラムの実施に先立ちアセスメントが行われますが、実施の条件や実施する機関によりアセスメントの詳しさや対象範囲はかなり異なるかもしれません。

　ここでは、ブロージンゲイム（Blasingame, 2005, p.65-67）、マザック（Mussack, 2006b, p.58-69）を引用、参考にして、心理教育・心理治療や生活支援に必要なアセスメントについて述べます。事例、あるいは状況によってはプログラムを実施するまでにアセスメントがすべて完了しないこともあり、プログラムの実施や支援のプロセスにおいて情報を付加、修正する、あるいは並行してアセスメントを実施することもあります。

第2章　性問題行動への心理的アプローチ

　先にみた領域a）性問題行動の再発・再犯の防止については、不適切な性行動ではあっても犯罪や重大な加害行為とまでは言えない事例では、この領域へのアプローチを強力に進める必要性に疑問が生じるかもしれません。プログラム実施者側の不安による過大視、逆に調査不足等による矮小化を避けるためにも正確で十分なアセスメントがなされることが必要です。

(1) アセスメントの前に

　性の話題は秘密とされることが多く、性問題行動を話題とすることに対象者だけでなくアセスメントの実施者も、ためらい、不安、羞恥、緊張などを感じることがあります。しかしながら、アセスメントを行うにはこうした感情的な障壁に対処しつつ非指示的でポジティブな姿勢を維持すべきです。あわせて、この段階では可能な限り対象者が話した内容に対する正否や適否などの評価、判断、さらに非難をしない姿勢が求められます。

　時には性問題行動の内容について報告する時の対象者の緊張や不安などを話題にする必要があるかもしれません。性に関する事柄を率直に話すことこそが、進むべき方向への最短距離だと対象者が理解できれば、アセスメントやプログラムはいっそうスムーズに進みます。

　注意しておくべきこととして、対象者は身体各部、性、性行動について一般的に使われている言葉を必ずしも使っているわけではないこと、またそれらを使用したとしても意味が異なる場合があります。対象者が家族や友人らとの会話で、身体各部や性行為や感情について特有の表現をしていることもあります。アセスメントの早い時期に対象者がふだん使用している語彙が把握できれば、より正確な理解が可能となります。

　対象者のすでに持っている性情報のレベルをアセスメントする場合、順序立てて進めることが重要です。たとえ、対象者が流暢に会話していたとしても、対象者が性に関連した正しい知識を持っているかどうかを確認するべきで、最初からそのような知識を持っていると仮定して進めてはいけません。また、対象者は短時間の面接であっても、何を言うべきか、どのように反応すればよいかをアセスメントの実施者からくみ取ることもあるため、アセスメント段階で新しい情報を与えることは控え

たほうがよいかもしれません。また、望ましい反応をしたからといって、その知識や概念をすでに身につけているとは言えません。

（2）性問題行動のアセスメント

　性問題行動をしないための心理教育では対象者の性問題行動の再検討が鍵であり、その情報は大変有益であることから性問題行動を対象者から直接聞くことが最も重要です。他機関からの情報や過去の資料などから情報が得られたとしても、対象者が自分の行動に対して考える姿勢を形成するために対象者から直接聞くべきです。他の機関ですでに詳細な聴取が行われた後であったとしても同様です。『フットプリント第2版』などのプログラムや第5章『性暴力被害とわたしの被害者を理解するワークブック』においても対象者は自分の問題行動を詳しく書くよう求められます。繰り返し尋ねられることを嫌がる対象者もいますが、アセスメント段階での直接聴取を省略してはなりません。

　対象者から得た情報と他の情報源から得られた情報に食い違いがある場合や、対象者からの情報しか得られない場合があります。情報の食い違いの原因はさまざまですが、合理化、矮小化、否認、虚偽等の対象者の認知の歪みにも留意が必要です。対象者が率直で正直に表現することは指導や支援の成否の鍵となります。

　性問題行動についての情報だけでなく、性問題行動の前後の出来事、性問題行動の前後にどのように考えたか、どのような感情が生じたかを聞くことも重要です。できれば図2-1のきっかけ／先行刺激-思考・感情・行動-結果という認知-行動的モデルを念頭に聴取を進めるとよいでしょう。もちろん対象者の諸特性や対象者とアセスメントの実施者との信頼関係の程度などによって、アセスメントの段階では自分の思考や感情に気づき言語化することは困難かもしれません。どんな動機や目的をもって問題行動を行ったのか、性衝動のコントロールの程度（我慢ができなかったのか）、倫理観や道徳的判断力（悪いことだとわかっていたのか）などにこだわる必要はなく、性問題行動の聴取は予断を持たないほうが情報量は増えます。

　性問題行動、特に性暴力について詳細な聴取をするならば、その項目や留意点等について藤岡（2006, p.52-69）において詳細に論じられて

いますが、ここではマザック（Mussack, 2006b, p.68-69）により性問題行動を理解するポイントとして表2－2にまとめました。

表2－2 性問題行動を理解するポイント(Mussack, 2006b, p.68-69 より作表)

対象者	① 発達年齢 DA または精神年齢 MA
	② 心理的・情緒的・性的成熟レベル
性問題行動	③ 対象者の発達年齢 DA や精神年齢 MA から考えて予測できる行動かどうか
	④ 対象者の性知識のレベルや特性に合っているか
	⑤ 対象者の性知識や性経験の範囲内におさまっているか
	⑥ 他者に危害を与えたか、対象者が危害をうけたか。危害を与えずにどう行動すればよいかを知っていたのか
	⑦ 性的な覚醒があったか
	⑧ 支配的か、服従的か、協力や強制があったか
性行動	⑨ 社会的に受け入れられる基準におさまっているか
性知識	⑩ レベルや特性は対象者の暦年齢 CA や精神年齢 MA から考えられる範囲内にあるものか
	⑪ どのようにして身につけたのか（適切な性教育・自己学習・自己検索・友人つきあい・露骨な性的情報、性的虐待、性被害への暴露）
	⑫ 誰から性教育をうけたのか
性経験	⑬ 対象者の性経験は、同意に基づいているか、協力しているのか、強制をうけているのか

　なお、表中⑬対象者の性経験にある「協力」とは「一方のリクエストや欲求によって性行為に参加すること」であって、「強制による指示はないが、一つまたはそれ以上の同意の特徴」がなく、「一方の側が提案されている性行為の性質や結果を十分に理解していない時に生じる」可能性があるものです（Mussack, 2006a, p.51-52）。対象者は同意しているわけではなく、また強制されているわけでもないが、その行為の結果生じる事態を十分に理解しないまま相手からの提案や指示に応じてしまった場合を指しています。

（3）包括的なアセスメント

　アセスメントは、対象者に対する面接や行動観察、各専門分野の検査、関係者からの情報、文書化された情報などをもとに行われます。アセスメントでは通常、情緒・社会性の状態、医療面、行動上の問題、知的能

力の程度、社会生活能力、生活歴、家庭状況、地域の状況などを総合的に把握します。個別支援計画があればその作成に必要なアセスメント情報も加味します。

しかしながら、性問題行動は犯罪・非行行動から不適切な行動まで幅広い様相を対象としており、第1章でみたように人間の全体性であるセクシュアリティという観点からすれば、性暴力や加害行動の内容や頻度のみを調査するだけ、あるいは知的・発達障害の障害特性など単一のポイントに焦点づけるだけではその理解は十分とは言えません。アセスメントでは、対象者についてのセクシュアリティと性行動に関する情報、つまりすでに持っている性情報のレベルと内容を生活という観点から包括的に整理することが必要です。以下は、ブロージンゲイム（Blasingame, 2005, p.65-67）を一部加筆、修正したものです。

(a) 対象者に関して

- 発達状況のアセスメント：コミュニケーションのスタイル、学習のスタイル（生活場面や作業場面等のルールや手順など新規な事柄を学習する時の方法）、性に関して好まれる語彙、対人関係を構築し維持する能力、物事のとらえ方の特徴（スキーマ）、自尊感情など。同じ知的レベルであっても機能レベルは異なるので個別的に見極める。
- 情緒的行動的特徴とその特徴の持つ意味のアセスメント：性問題行動を維持し強化する要因が特定できれば、望ましくない行動にかわる望ましい行動につながる別の選択肢を明らかにすることに役立つ。きっかけ／先行刺激－思考・感情・行動－結果という認知－行動的モデル（ABC分析）による検討が有効とされる。
- 対象者のストレングス、短所、脆弱性、個人の資質（リソース）：性問題行動からの離脱後の生活や支援に関連しリジリエンスとなり、行動力を増強する可能性がある。
- 医学的、精神医学的アセスメントや神経学的・聴覚的・視覚的検査の必要性：特に精神面の状態は知的障害・発達障害の陰に隠れてしまいがちである。

(b) 家族に関して

- 対象者に対して支持的な家族もあれば、非協力的、あるいは虐待する家族もある。
- 社会経済的状況、家族に共通する物事のとらえ方の特徴（スキーマ）、家族の持つストレングスや支援プロセスをサポートできるレベルなど。
- 性問題行動との関連で、家族メンバーとの関係の有無、家族メンバーへの影響など。

(c) 被害者に関して

- 加害者（不適切な性行動を実行した者）と被害者の関係：加害者はどれほど被害と被害者のことを理解しているか。
- 加害者と被害者、またはどちらかと関係のある重要な人物との関係。

(d) その他

- 利用可能な過去の情報の再検討：これらの情報にアクセスできるとは限らないが、現在の情報不足を補うことができる。
- 他の事業所等の指導の経過や結果、警察記録、医療記録、心理学的評価等。

　ここにあげたアセスメントのポイントは詳細で広範囲にわたり、他分野の専門家の援助を必要とするものも含まれます。対象者やその関係者への面接や調査だけでは得られない情報もあります。プログラムによる指導を開始する前に、これらすべてのアセスメントが完了できないこともありますが、開始時に不足している項目や分野は必要な情報が入手できれば補完し不十分さをなくすよう努めます。

(4) 性について

　性に関する詳細なアセスメントについて、(2)(3)項で取り上げなかった点をいくつか示します。

(a) マスターベーションに関するアセスメント

マスターベーションは非常に重要で、必ず聴取すべきテーマです。ただし、マスターベーションの扱い方は対象者によりまた生活状況により大きな違いがあります。

マスターベーションの有無、方法、場所、頻度等を聴取します。本人に対する安全性や危険性、マスターベーションのルールが守られているか、他者への加害性がないかどうか等に注意します。章末にマスターベーションのルールの例を載せています(3)。

マスターベーション時に自分の性問題行動を想起していないか、子どものイメージを思い浮かべていないかを必ず点検します。性問題行動を想起してマスターベーションすれば、マスターベーションそのものが性問題行動の強化につながるため制止します。また子ども(幼少児)を対象に思い浮かべてのマスターベーションも即時に禁止です。アセスメント段階であっても加害性や違法性は制止すべきです。

玩具や物を使用する場合もあるかもしれません。安全性を欠く場合は身体的苦痛と性的興奮がつながる可能性があるかもしれません(Mussack, 2006b, p.59)。また、盗んだ女性下着やパンティストッキングの使用は、フェティシズム等との関連が指摘されています(前掲書, p.60)。

(b) 性被害に関するアセスメント

性的虐待、性被害については第1章で述べましたが、その履歴のある人が多いと感じます。子ども時代に保護者、介護者などからの性的虐待、他者の面前での性行為の強要、介護者が優しくかわいがる時に性的刺激を与える、売春や性行為への強要などさまざまな体験があったかもしれません。

性的虐待、性被害は対象者に多くの面でマイナスの影響をもたらします(第4章のシート7とシート8の解説、第5章のシート8も参照のこと)。対象者にその履歴があるかどうか、あったとすればどんな内容であったかをプログラム支援者などが知ることで、対象者が直面する感情や行動の問題、認知の特徴などをより深く理解し、その支援に役立てることができます。

しかし、恐怖や苦痛の伴う性的経験や性的被害について対象者は自らすすんで話そうとはしないかもしれません。アセスメントの面接では性被害に遭ったことがあるかどうか、被害の内容はどのようなものだったのか、について話すことが重要であると面接者、対象者ともに理解していなくてはなりません。心理的支援が進むと、対象者自身の安全が保障され安心して生活できるという最善の利益につながります。それが理解できるような説明や雰囲気作りが必要です(4)（Cederborg, Gumpert, & Abad, 2009 仲・山本, 2014；八木・岡本, 2012）。

(c) 偽逸脱性行動と逸脱した性行動

偽逸脱行動と逸脱行動とは異なります。偽逸脱行動（Mussack, 2006b, p.63）とは、逸脱した性行動のように見える行動が性的に逸脱した興味に駆り立てられたものではなく、適切な性行為の手段や状況に関する情報を知らない場合に起こるものです（前掲書, p.68）。

例えば、マスターベーションの正しいルールを知らないために、好きな女性を見るとすぐに床などに性器をこすりつける、公園など人前であるにもかかわらずマスターベーションをするような場合です。マスターベーションにおけるルールを教える、または境界線に関する知識を提供すると改善される事例があります。また、良いタッチと悪いタッチ、プライベート・ゾーンの知識や性行動のパートナーにふさわしい年齢等の知識はあったとしても、相手の年齢を推定するスキルや経験がないために子どもを対象に性問題行動をする可能性もあります。

偽逸脱性行動は、こだわりやコントロール不能な強迫的行動ではなく、適切な情報を欠き、また適切な場所が提供されないために生じているのなら、適切な情報や場が提供されれば修正は可能です。

一方、逸脱した性行動は、小児性愛障害、フェティシズム障害、窃視障害などパラフィリア障害群（DSM-Ⅴ）として診断されます。偽逸脱性行動とは異なり、頭につきまとって離れない、やめられないなど強迫的に行動することが多いようです。対象者自身のリスクや被害者に関係するリスクについて十分情報提供され、対象者自身がよく理解していたとしても、また健康で適切な性行動のチャンスがあったとしても維持されることがあります。年齢相応で健康的な性表現をして

いたとしても逸脱した性行動は選択されることがあります（Blasingame, 2005, p.31-37; Mussack, 2006b, p.66）。

(d) その他

その他、アセスメントにおいて留意するいくつかのポイントをあげます。
- 性行動に関する履歴：友達同士の遊びの中で性的な行動がどのように含まれているのか、年少者との遊びの状況など。
- ポルノグラフィーへの暴露：暴露された年齢等によっては性虐待、もしくは性被害であるが、さらされたポルノグラフィーによっては、性情報の歪みや強迫的な性行動につながるおそれがある。
- 性行動の目撃：性虐待、性被害なのか、境界線の問題なのか、窃視なのか。

こうしたアセスメントと並行して、対象者が自分自身の気持ちや身体変化を感じる力がどの程度あるのか、それらを対象者がどのように表現しているのかを観察することも大切です。対象者の理解力や表現力の未熟さ、あるいは経験不足からくるものもあります。プログラムによる指導では、対象者自身の感情や身体変化など自分に起こる変化への気づきを高めるような働きかけ、感情を表す語彙を増やし表現力につなげるなどの働きかけが求められます。

3. 心理教育・心理治療の進め方

性行動に対しては、ていねいでオープンなコミュニケーションによってアプローチすべきです。対象者のニーズと権利を尊重する姿勢が必要です。プログラム実施者や支援者はそうした姿勢を維持しながら、対象者が直面している性に関する複雑さ、特性、ニーズに敏感になり、対象者の人生に変化をもたらすことができるよう対象者と協働して治療を進めていく必要があります。

プログラムによる心理教育・心理治療を進める際に必要な点について述べます。

（1）心理教育・心理治療の契約

　プログラム実施者は、対象者との間で心理教育・心理治療契約を結んでおくとよいでしょう。契約の前提となる判断能力を考慮しつつ、対象者が理解できる表現や内容で文書化し、本人同意を得ておきます（参照；厚生労働省, 2013, p.15）。例として、ブロージンゲイム（Blasingame, 2005, p.129-130）の「カウセリングの申込と同意」の一部を抜粋します。

- 私（対象者）は性問題行動がある／あったので、カウンセラー（実施者）等と話しあうことに同意（OK）する。
- カウンセリングは私（対象者）が行動のコントロールを学習するのに役立ち、カウンセラーは私と性行動について話しあうと説明をうけた。
- カウンセラーは私を尊重し、見下したりしない。私は自己コントロールを身につけるためにベストを尽くす。
- カウンセラーは私の問題を見いだすためにテストをする。

　事例により異なりますが、実施前には得られなかったがプログラム実施中に判明した情報についても、共有する必要のある支援者の範囲や情報の共有内容などを同様に明確にしておく必要があります。また、家族に対し心理教育・心理治療の内容や概要、進め方などの説明が必要となることがあります。

　違法行為が起こりそうである、あるいは進行中であることが判明した場合には、被害者を出さない、対象者に加害行為をさせないという観点から、いわゆる心理治療やカウンセリング、福祉的支援において守られるべき秘密保持にはあたらないことをあわせて最初に説明します。

（2）プログラム実施者の態度

　プログラム実施者は、知的・発達障害児者が自分の性問題行動に向き合い、性問題行動をしていた「いままでの私」から、性問題行動をしないで生活する「あたらしい私」としての思考や行動を身につけることを

動機づけ、強化します。そのためには、プログラム実施者には、変化への意欲を維持し楽しみながら学習を進められるようユーモアにあふれた態度だけでなく、対象者の自己効力感を高めるための肯定的なフィードバックや協働してプログラムを進める態度が欠かせません。

(a) 基本的原則を身につける

プログラム実施者は、対象者との間に相互の信頼関係（ラポール）を構築しておくことは基本です。その基本的な態度は、いわゆる以下の「ロジャーズの三原則」と呼ばれます。

- 共感性（対象者にとっての意味と感情を正確に感じ取りコミュニケーションする）
- 暖かさと無条件の積極的関心（対象者の感情状態や行動とは関係なく受け入れ、ポジティブな態度を示し、加害行動と人間としての価値を区別してとらえる）
- 純粋性（プログラム実施者はその人そのものであって、関係においてみせかけのものではない）

(b) 変化への動機づけを導く

対象者が「いままでの私」から「あたらしい私」へと方向を変えていくには動機づけが重要です。動機づけには、「共感」を表明することが基本と言われています（例えば、Miller & Rollnick, 2002 松島他訳, 2007）。共感性、受容と傾聴という態度はプログラム実施者や支援者の基本ですが、同時に動機づけの基本原則でもあります。対象者の問題行動をプログラム実施者が共感的に受け止める、つまり受容します。しかし、受容は問題行動を容認することでもなく同意することでもありません。「理解でき、考慮する価値があり、少なくとも本人の立場からは妥当性がある（前掲書, p.49）」という態度です。

プログラム実施者がこうした態度を続けた結果、対象者自身が行った行動と本当はこうありたいという目標や価値との間にギャップを見つけ出すことができる瞬間があります。ギャップとは矛盾や不適切さであって、対象者自身が変化への動機づけを見いだし高めるターニン

グポイントになります。動機づけのプロセスは徐々に深まることも多く、対象者の気づきを支えることは、変化へ向かうことが可能だと信じる対象者の自己効力感につながります。

(c) 対象者の抵抗に対応する

継続的な心理的支援においては対象者が自己について隠さず正直に話をすることが重要です。プログラムにおいて学習する自己コントロールのスキルは、自分の行動、自分の感情、自分の考え方などを明らかにして検討しなければ獲得できるものではありません。

しかしながら、対象者が自分の行動を振り返るのは容易ではありません。特に性加害行為を詳しく話すことに強く抵抗を示す対象者もいます。一方、加害を認めつつも、そんなつもりではなかった、被害者のほうが誘ったからだ、それほどたいしたことではない、反省しているし悪いことだとわかっているので指導を受けない、など矮小化や合理化することもあります。

対象者が消極的で拒否や抵抗を示す場合であれば、プロセスをさかのぼり、動機づけの再確認や相互的信頼関係（ラポール）の再構築の必要があるかもしれません。あるいは、プログラムによる心理教育・心理治療は反省や謝罪だけが目的ではなく、これから問題行動をしないで生活していくこと、「あたらしい私」の思考と行動を身につけることが目的であることを、再度確認したほうがよい場合もあります。プログラム実施者は対象者の抵抗に真っ向から反論するのではなく、抵抗といっしょに転がりながら対象者の考え方などを検討します。

(d) 刺激－反応の連鎖にポイントをおいて面接する

前章でも述べましたが、対象者の性問題行動は認知－行動的アプローチにしたがってきっかけ／先行刺激（刺激）－思考・感情・行動－結果（反応）という連鎖、または円環でとらえます。認知・行動・感情・身体変化はサイクルとなって円環でつながる人間の内側の反応で、その外側に先行刺激（刺激）と結果（反応）の連鎖があります。いきなり感情や行動が起こるのではありません。

行動には動機や目的がありますが、このアプローチは原因－結果と

いう連鎖ではありません。例えば、イライラを感じていた対象者に面接する場合に、なぜイライラしていたのか、その原因を問います。加害行為に関しても、なぜそんなことをしたのかと動機を問うことが多いでしょう。対象者がなぜと問われた時、対象者は動機や原因を探しだし、例えばストレスがあったからと答えたとします。その時、対象者が自ら探し出した新たな動機や原因に基づいて自分の感情や思考、行動を再解釈し再編成してしまうかもしれません。「なぜ」と問うことで多くの情報が抜け落ちていく危険があります。

さらに「なぜ」とプログラム実施者が問いその理由がもたらされると、プログラム実施者はそれに寄りかかり、対象者に詰問の姿勢になり反省を求めるだけに終わることがあります。また一方で、対象者によっては原因や動機があれば行動化は可能であるとの誤ったメッセージを伝えてしまう危険性もあります。対象者に対して「なぜ」と問うことは最小限にとどめます。

原因－結果という枠組みよりも行動が起こった順に、刺激と反応、その反応が次の刺激になるという刺激－反応の連鎖にポイントをおいて面接すると、対象者自身が自分の行動を振り返る時の枠組みや手がかりともなります。その結果、きっかけ／先行刺激（刺激）－思考・感情・行動－結果（反応）にしたがって自分自身の行動を分析し、理解できるようになります。その刺激には動機となることも含まれることがあります。例えば、同室者が余計な一言を言ったので（きっかけ／先行刺激）、イラッとし（感情）、トラブルになった（結果）ととらえることができます（第3章参照）。もちろん、プログラム実施者にとっても対象者の行動の理解を深めることに役立ちます。

連鎖ととらえると述べましたが、そのはじまりには問題行動につながるなにか特異な出来事があったはずだと考える必要はありません。特定の出来事ではなく、退屈だ、することがない、何か面白いことはないか、なども感情とは言い難いかもしれませんが先行刺激になることが多いことに留意が必要です。

4. 被害者への共感的理解に近づく

　性問題行動、性暴力を対象とした支援や指導におけるもうひとつの重要なポイントとして、性暴力被害と被害者の理解があります。被害者理解においてなによりも求められるのは共感的な理解です。自分の問題行動による被害と被害者の理解なくして謝罪も反省もありえず、再社会化も意味をなしません。対象者は性暴力加害者であるがゆえに自分の行動の結果を知る責務があり、自分の性暴力に向き合い、再発を防止するために性暴力被害と被害者について理解することが欠かせません。

　対象者に対する再行動化の予防等の点から共感的な理解は鍵を握ると考えられますが、性暴力における共感的理解（共感性）の役割は研究結果において必ずしも一定していないようです（田口・平・池田・桐生, 2010, p.43-44）。マーシャルとマーシャル（Marshall & Marshall, 2014, p.182）は、いくつかの研究結果にふれたうえで、加害者は他者に対する感情的な関心を欠いており再犯につながる可能性を指摘していますが、被害者に特定した共感的理解は犯罪誘発の要因ではないと述べています。共感的関心についての調査では、大学生と比較して少年院在院者のほうが有意に高いとの報告もあります（佐藤・多田・川邊・藤野・坂井・立石・東山 , 2009）。しかしながら、共感的理解そのものの重要性、対象者の責務、さらに対象者自身や他者の感情に対する関心を高めるうえからも進めていくべき課題です。

　『フットプリント第2版』などの既存のプログラムでは自分の被害者について学習するセクションがあり、被害者への手紙などの課題が設けられています。しかし残念なことに、こうしたセクションでは性暴力が被害者の生活に及ぼす影響や被害者のトラウマなどの説明はなく、加害者が性暴力被害を理解するには十分とは言えません。司法のプロセスやその後の指導において、被害者の意見や考えや心情を聞き、それらを受け止め考える機会や学習は設けられていますが、一方でそうした機会がなく被害者の現在の状況を知らない事例も多いと考えられます。こうしたことから第5章に『性暴力被害とわたしの被害者を理解するワークブック』を提案しています。

ここでは、第4章「『性暴力被害とわたしの被害者を理解するワークブック』ガイド」に連動して、共感的な理解への接近プロセスを検討します。ライアンらの研究（Ryan, Leversee, & Lane, 2010a）やマーシャル・マーシャルの共感性モデル（Marshall & Marshall, 2014, p.181）を参考に、そのプロセスを仮説として以下に示します。

段階a）自己と他者は異なるという理解

共感とは「他人と同じような感情（考え）になること」[5]などと考えられていますが、そのプロセスには、言うまでもないことですが自己と他者は異なるもの、別のものであるという当たり前の認識を前提にしています。自他は異なるという当たり前の認識は、共感的理解の起点です。

段階b）他者の視点を取得すること

「他人と同じような感情（考え）になる」ためには、ある対象を他者から見るとどのように見えるか、ある体験に対して他者はどのような考えや感情を持つのかを想像する必要があります。[6]自己が想像するためには、対象や体験に対して他者はどのように見るか、どのように考えるか、感じるかを把握しなければなりません。つまり、他者のものの見方やとらえ方を理解し把握すること、他者の視点を取り込むことが必要になります。[7]

段階c）異なっていることは当然のことと考えること

ある体験、例えばジェットコースターに乗った時、このスリルがたまらないとか爽快だったと感じる人もいれば、目も開けられないし二度とごめんだと思う人もいるはずです。誰かと同じ時間に同じところで同じ体験をしたとしても、必ずしも他者は自分と同じ考えや感情を持つわけではありません。共感的な理解には、自己と他者は異なるものという認識を基礎に、「異なっていて当然と考える assumption of difference（Ryan et al., 2010a, p.304）」との理解が必要です。

一方、自分が人から文句を言われた時反撃できずにイライラしたという経験があった場合に、そんな時には他者もきっとイライラしているに違いないと思うこともあります。自己も他者も異なるところはないという考え方であれば、被害者が体験した出来事は自分がかつて経

験した出来事に似ていると思い、その時に自分に生じた感情に基づいて被害者の感情を想像する「同じであるのは当然と考える assumption of sameness」にとどまります。この場合は、共感的な理解というよりは同情的な反応といえるでしょう（Ryan et al., 2010a）。

段階d) 他者の感情状態に対する認識

こうした段階を経てあるいは並行して、他者に生じた考えや感情を認識します。しかしながら、対象者の多くは自己の感情をあらためて意識することが少ないように思われます。また、意識したとしてもネガティブな感情に偏ることが多く、そのうえ感情を表現する語彙も十分とはいえません。他者の感情に対する認識が相対的に不得手であるとされていますが、その原因のひとつに他者の視点を取り入れるスキル（段階b）を欠いていることが原因であるとの指摘があります（Marshall & Marshall, 2014）。1.（1）領域a）でも述べましたが、自己あるいは他者の感情への気づきや理解は性問題行動のあった対象者に対する心理教育・心理治療において重要なテーマでもあります。

こうした段階は、いわゆる「心の理論」（Baron-Cohen, Leslie, & Frith, 1985; Happé, 1991／富田訳, 1996）[(8)]につながるものです（Marshall & Marshall, 2014）。また、段階a）から段階d）のプロセスは発達段階を示すものではなく、それぞれの段階において発達的観点からの理解が必要です。ある段階だけが未熟、あるいは偏りがある場合、あるいは全体におよんでいる場合があるからです。

ライアンらは、「共感的認識や反応とは、いくつかの感情や欲求の手がかりを認識し、それら手がかりの意味を解釈し、そのような感情または欲求が生じて当然だと認めて反応する個人の能力である」（Ryan et al., 2010a, p.304）としています。対象者が実際の被害者の感情や考えの手がかりに気づくことが現実から遊離しないための錨（いかり）になります。そのうえで感情や考えを解釈し、共感的理解へと進みます。

注
(1) ここで言う『フットプリント』は日本語 2009 年明石書店版も含んでいる。
(2) 「発達障害のある性犯罪者更生治療プログラム（仮訳）DD-SORT; Developmentally Disabled Sexual Offender Rehabilitative Treatment（Blasingame, 2005）」では、『さけろ！の約束』としてプログラムに取り入れられている。
(3) 対象者によってはコピーして手渡すこともある。
(4) アセスメントではトラウマの有無を確認するためスクリーニングを含めるべきである。本多・伊庭（2018）、伊庭・本多（2018）はその試みである。その結果や影響を踏まえた支援（トラウマ・インフォームド・ケア）が必要とされる。
本多隆司・伊庭千恵（2018）．性問題行動の心理支援／生活支援への児童期逆境体験 ACE スクリーニングの導入―トラウマ・インフォームド・ケア TIC に向けて― 日本心理臨床学会第 37 回秋季大会
伊庭千恵・本多隆司（2018）．トラウマ・インフォームド・ケア TIC による支援の提案―性問題行動のある知的・発達障害者への支援を中心とした検討―日本発達障害学会第 53 回研究大会
(5) 『新明解国語辞典　第 7 版』三省堂
(6) ピアジェらの「三つの山問題」としても有名であるが、発達の観点から空間的視点取得や自己中心性などが研究された。視点取得 perceptive taking は視覚的空間認知と他者認知の側面、さらに発達という軸が入る。
(7) 異なる文脈であるが、ロジャーズは「他人の内部的照合枠 Internal frame of reference を正確に知覚する」（Rogers, 1959 伊東編訳 , 1967）ことであると指摘している。
(8) Baron-Cohen et al.（1985）では、以下の状況が提示される。
①部屋にサリーとアンがいます。サリーは自分のバスケットにビー玉を入れました。
②その後、サリーが出て行きました。
③部屋に残ったアンはバスケットにあるビー玉を自分の小箱に移しました。
④部屋に戻ってきたサリーはさっきのビー玉を求めてどこを探すでしょうか。
　誤信念課題と言われるもので、サリーは自分のバスケットの中を探すはずだが、ビー玉はアンの小箱にある（ことを被験児は知っている）。
　当事者からは、この課題は「重度の自閉症者に対してはふさわしくない」との指摘があり、「正解がわかっていても、その答えを口で言ったり、指し示したりすることができない」からだとする。さらに、「僕は、自閉症者には『共感する気持ち』が足りないと考えられていることに疑問を感じています。」その視点が違うのだと述べる（東田直樹（2013）「自閉症の僕が生きていく風景　第 12 回」『ビッグイシュー日本版』第 223 号 , p.8-9）

マスターベーションのルール

　マスターベーションは、ひとりで自分のプライベート・ゾーンにタッチして、よい気もちを感じることです。マスターベーションするときは、かならずルールをまもります。

☐ 手をあらって清けつにする。
- 自分の体をきずつけてはいけない。

☐ マスターベーションは、プライベートな場所でする。
- わたしがひとりでいる場所でする。
- トイレ、風呂
- ドアをしめた自分の部屋

☐ マスターベーションは、ひとりでする。
- ほかの人にマスターベーションの手つだいをさせない。
- だれかがみているのに、マスターベーションしてはいけない。
- だれかがみていたら、服をきていても、自分のプラーベートゾーンにタッチしてはいけない。

☐ マスターベーションするときは、よい空想をする。
- 『フットプリント第2版』のステップ6「性的な気もちと人間関係」を復習する。
- 子どもを空想してマスターベーションしてはいけない。
- 自分がおこした問題行動を思いだして、マスターベーションしてはいけない。

☐ あとかたづけする
- ティッシュペーパーはゴミ箱にすてる。
- よごれたら、洗たくする。

Copyright© 2015 ASB 研究会　Study Group on Antisocial Behaviors

第3章

日常生活での実践と支援

知的・発達障害児者は、『フットプリント第2版』等のプログラムによってスキルを習得し、それぞれの生活の場で実行します。その習得が終わるのを待たず、並行して地域生活をおくる場合もあるかも知れません。対象者の状況や生活環境にあわせてさまざまな分野の支援者が関わります。そこで重要なことは、対象者が習得したスキルや知識をそれぞれの支援者が十分理解し共有することです。支援者間の相互理解に立った支援を受けて、対象者は習得されたスキルや知識を地域生活で生かすことができるのです。

ここでは、架空事例を通じて、対象者への心理教育・心理治療と生活支援の統合について考えてみましょう。

1. 習得したスキルや知識の実践のための支援

（1）女性と仲良くなりたいAさん

Aさんは24歳の男性。軽度の知的障害がある。2年前からグループホームで生活し、日中は障害者雇用制度を活用し就労している。仕事は休まず、真面目な姿勢で取り組むので職場での評価は高い。電車が好きで、休みの日には支援学校時代の友人たちと電車に乗って買い物やゲームセンターに出かけることが多い。あいさつもていねいで社交的、グループホームではめだった問題はなかった。

Aさんは、女性と仲良くなりたいと思っていた。ある日、以前から知り合いだった女性の友だちを誘ってショッピングに出かけた。女性と2人だけで出かけるのは初めてだった。歩きながら黙ったまま女性の手を取り、そのままショッピングモールではずっと手をつないだままだった。Aさんはそれがとてもうれしくて、次の休みの日も2人で遊びに行く約束をした。2回目に女性と出かけた時、女性に何も言わずにキスをしようとした。その時、女性が特に嫌がっているように思わなかった。しばらくして2人で遊びに出かけた時には、公園でキスをして女性のプライベートゾーンを触ろうとし、ホテルへ行こうと誘った。

翌日、女性の母親から、グループホームに対してデートの時にAさんからホテルに誘われて娘が嫌がっていると苦情の電話があった。グループホームの支援者がすぐにAさんに確認した。Aさんは、相手の女性が

特に嫌がっているように見えなかったし、女性と2人で出かけたら手をつないだり、キスしたりするのは当たり前だと思っていると話した。別の女性とも遊びに行きたいと言った。

　困ったグループホームの支援者はAさんへの支援のあり方を考えるため、相談支援事業所、援護の実施市の障害福祉担当者と相談した。Aさんには、対人関係の取り方や性に関する知識などを身につけ、自分の行動を点検して正しい行動の仕方を学習する必要があることが確認された。Aさんもグループホームの支援者も、Aさんがグループホームで生活を続けながら『フットプリント第2版』を使って心理教育・心理治療を受けることに同意した。また、社交的なAさんは女性の友人も多く、女性と2人で遊びに行きたくなったが、心理教育・心理治療を受けている間は我慢することにした。また、休日に一人で外出する時にはガイドヘルパーを利用し、Aさんの行動を見守ることにした。

　『フットプリント第2版』による定期的な指導では、Aさんは自分の問題行動について話すこと、あわせてその時の自分の気持ちや考えも話すように求められた。Aさんにとっては自分の行動や感情を振り返って話すのは難しいようであったが、プログラム実施者とともにこれまでの考え方や行動の振り返りを行った。振り返りのなかで、女性と2人で遊びに行ったとき手をつなぐのは悪くないし相手の女性は嫌がらない、キスをすると女性もうれしいはずだ、好きな女性と親しくなればいつでもセックスしてもよい、と思っていたことがわかってきた。

　Aさんへの心理教育・心理治療では、プライベートとパブリックには境界線があること、境界線を大切にすることは人を大切にすることと同じであること、正しいタッチとまちがったタッチ、正しいタッチには同意が必要であること、同意とは何かなど、対人関係、特に性行動で守らなければならないルールや振る舞い方についての学習が進められた。

　Aさんは仕事を続け、休日のガイドヘルパーとの外出やグループホームの行事などに楽しく参加していた。

　数回目の個別支援会議でAさんの行動が報告された。友人らと外出した時、女性の友だちが近くにいると手をつないでいいかと尋ねるけれど、返事を待たずに一方的に手をつなぐことが何度かあった。その報告を聞いたガイドヘルパーやグループホームの支援員は、手をつなぐくらいは

問題にはならないと思い、Aさんに注意するほどではないとした。グループホーム内でのAさんの会話も話題になった。Aさんは他の利用者が性的描写のあるビデオを見ているのかどうかが気になり、みんなが集まっている時にどんなビデオを見ているのかなどと大きな声で話題にした。グループホームの支援員は若い男性同士にありがちな話題と考えて、特に会話をさえぎることはしなかったと報告した。

　Aさんはプログラムで境界線や同意について学び、自分のまちがった考えかた（考えかたエラー）等に気づきはじめたが、個別支援会議での報告を聞いたプログラム実施担当者から、Aさんの学習した内容が日常生活で生かされていないのではないかと指摘があった。ガイドヘルパー、グループホームの支援員などAさんの身近な支援者全員が、Aさんへの心理教育・心理治療の内容を知らず、Aさんも含め全員で共有していなかった。会議では、Aさん自身が自分の気持ちや考えを点検しコントロールできるよう支援者がサポートしなければならないこと、どの支援者もAさん同様に同意や境界線のルールを理解し、Aさんへの支援については同じ視点を持つことが重要であることを支援者全員が改めて確認した。Aさんは単独で外出できるにもかかわらずガイドヘルパーを利用することに疑問を持っていた支援員も、Aさん自身の課題をあらためて理解できた。

　Aさんは、支援者のサポートを得てプログラムで学習した内容を日常生活で実行し確認していった。友だちとして女性と接するときは、相手や状況を無視し自分の気持ちだけに引きずられて強引に手をつないだりキスをしない方法をプログラムで考えた。『フットプリント第2版』では、良い選択をし「あたらしい私」の考え方と行動を身につけるための方法「ソーダS.O.D.A」[(1)]を学習する。「ソーダS.O.D.A」では次のような行動の仕方を考えた。もしキスしたくなったとき、いったんその考えをストップし（ストップS）、キスしてよいかどうかを落ち着いて考え、キス以外の方法で女性と楽しく過ごす方法を考える（別の方法を考えるO）。どの行動が良い行動なのかを決め（良い行動を決めるD）、その良い行動を実行する（実行するA）。友人と外出した時に「ソーダS.O.D.A」を実際に試してみた。Aさんは、間違った行動をせずに正しい選択ができるようになってきたと気づいた。支援者も同様に実感した。

相手との適度な距離を保った接し方や、その場にふさわしい会話についても支援者と話し合いながら練習した。Aさんは自己コントロール力が身につき、「あたらしい私」につながる考え方や行動を実行するようになった。

> **事例Aさんのまとめ**
>
> Aさんが女性に対して行った行為は、性に関連した不適切な問題行動です。Aさんの課題は、性的な気持ちや行動を問題として改めるのではなく、自分の感情や誤った考え方に気づいて修正し、社会に適応する行動を実行するスキルを身につけることにありました。そのためには、日常生活のふり返りと日常生活でのトレーニングが不可欠です。学習した内容や身につけたスキル、Aさんの「あたらしい私」としての行動や考え方を支援者すべてが理解し協力する支援体制が必要だったのです。

（2）通所事業所を利用しているBさん

Bさんは50歳の男性。中度の知的障害がある。高齢の母と2人暮らしで、通所の事業所を利用していた。事業所での作業が終わると、自転車で近所のレンタルビデオショップへ寄ってからスーパーマーケットで買いものをし、公園でひと休みしてから帰宅するのが日課になっていた。いつものように公園へ行くと、小学校低学年くらいの女の子が一人で遊んでいるのに気がついた。Bさんは女の子に声をかけ、トイレに誘い込んで女の子のプライベートゾーンを触った。

事件はすぐに発覚し、Bさんは警察に逮捕された。警察の取り調べでこれまでに数件の女児への性暴力がわかった。

Bさんは刑務所で服役した。Bさんの刑務所退所の前に、地域定着支援センター、援護の実施者である市障害福祉担当者等と相談がもたれた。退所後の生活の場について、自宅へ戻る、グループホームや施設を利用するなどいくつかの形態や方法が検討された。Bさんの家族は高齢で体調もすぐれない母親のみで、頼れる親戚もいない。地域の資源や状況なども考慮して、地域で生活する前に入所型施設を利用して段階的に地域

生活への移行を図ることになった。

　Bさんは、施設に入所後、基本的な生活能力と軽作業を通して作業能力のアセスメントが行われた。ルールが明確な施設生活では目立った問題もなく生活を送ることができ、日中の作業では手順を一つずつ提示されると1、2週間程度の練習で簡易な定型作業が可能だった。手順が変わるたびに指示は必要だが、手作業でも身体作業でも根気強く取り組むことができた。施設での対人関係などの観察から、指示的で威圧的な自分よりも強い相手には従順だが、おとなしく自分よりも弱い相手との会話は活発で自分の意志を強く示すことがわかってきた。買い物外出の時小学生くらいの女児がいると、ちらちら見つめるなどして女児に強い関心を示す様子が観察された。

　こうしたBさんに対するアセスメントや観察をもとに、『フットプリント第2版』を活用した心理教育・心理治療のための面接が週1回設定された。Bさんは、プログラム実施者とともに自分の性暴力行動を振り返り、次のようなことがわかってきた。

　Bさんは仲良く一緒に過ごせる友だちがほしかった。できれば自分も女性とつきあいたかった。つきあっている女性ならば自分の気持ちや思ったことをストレートに伝えてもかまわないし、自分の言うことは何でもきいてくれると思っていた。しかし、Bさんは自分のしたいことばかり言うので、相手の女性と喧嘩になってしまい、つきあいが長続きしなかった。女性に声をかけて遊びに行こうと誘ったが、いつも嫌がられた。そこで、小さい女の子なら声をかけても嫌がらないで、言うことをきいてくれるのではないかと考えた。

　また、これまで利用していた通所事業所では、Bさんは年下の利用者から指図されるとよく腹を立てた。偉そうにされるのが嫌だった。でも言い返すこともできないし、どうしていいのかわからなかった。自分の言うことをきいてくれる人がいればいいのにといつも思っていた。Bさんが性暴力を起こす前も同じような気持ちになった。そんな時に、公園に1人でいる小さい女の子をみつけて自分の言う通りにしてくれそうだと思った。

　Bさんは「人から命令されるよりは命令する人になって自分の言うこ

とをきかせたい」という考えを持っていることもわかってきた。Bさんにとっての性暴力につながるリスクの高い状況（危険ゾーン）は、偉そうにされて腹が立つこと、そんな時にどうしていいかわからなくなること、公園やスーパーマーケットなど女児に遭遇しやすい場所へ行くことだった。また、Bさんが性暴力を起こす具体的な誘因（きっかけ）は1人でいる女児を見つけたことだった。

こうしたことがわかり、Bさんはプログラム実施者といっしょに自分の性暴力の「サイクル」を考えた（図3－1）。このサイクルは問題行動へとつながる「いままでの私」の考え方と行動である。

Bさんとプログラム実施者は、Bさんの性暴力のサイクルを見ながら、どうすれば問題行動を起こすサイクルを、「あたらしい私」につながる良い行動のサイクルに変えることができるかを話しあった。

Bさんは、事業所からの帰り道、女児に出会いそうな場所（危険ゾーン）にできるだけ近づかないようにすればよいのではないかと考えた。あの事件の時も、寄り道せずに家に帰ればよかったと思った。作業所で年下の利用者から偉そうに指図された時にすぐに腹が立ったけれど、その利用者に何も言い返せず嫌な気持ちになるので、偉そうに言わないでほしいということも話した。

この話し合いの内容をもとにBさんはプログラム実施者と一緒に、自分の良い行動の「サイクル」を作ることにした（図3－2）。良い行動のサイクルを作るためには、大切なことが2つある。ひとつは、性暴力のきっかけや危険ゾーンに気づいた時にそれらを避ける方法を考えること。もうひとつは、直接のきっかけにはならないが問題行動の準備状態と考えられる自分の気持ちや考えかたエラーにいつも注意することである。

Bさんは、プログラム実施者と一緒に良い行動を選択するスキルとして「ソーダS.O.D.A.」を考え、実行することにした。女児に遭遇しやすい場所をハイリスク要因（危険ゾーン）としたが、プログラム実施者は小さい子なら言うことを聞かせられるといった考えかたエラーがBさんの頭に浮かんだ時も、なんらかの原因でBさんが腹を立てた時も、危険ゾーンになることを指摘した。そして、危険ゾーンだとわかったら、まずストップ（S）することが大切であることを話し合った。

Bさんはプログラム実施者といっしょに、自分が腹が立った時の体の

図3-1　Bさんの犯罪サイクル

わたしの犯罪サイクル

- わるいタッチをするまえは、どんな気もちでしたか。
  いつもの気もち

- どんなきっかけがありましたか。
  通所事業所でえらそうに言われた。

- きっかけで、どんな気もちになりましたか。
  イライラした。言いかえしたい。

- 危険ゾーンはなんですか。
  通所事業所のかえり、公園で女の子をみた。

- どんなことを考えはじめましたか。
  小さい女の子ならいうことをきいてくれる。

- どんな計画を用意しましたか。
  女の子をトイレにつれて行く。だれにも見つからないようにプライベートゾーンをさわろう。

- なにをしましたか。
  女の子のプライベートゾーンをさわった。

- 被害者には、どんなわるいことがおきましたか。
  だまっていて、動かない。こわくて声が出せない。

- あなたには、どんなわるいことがおきましたか。
  警察につかまった。刑務所にはいった。

- どんな気もちになりましたか。
  刑務所はいやだ。すきなことができない。

- 自分のやったことをどのように考えましたか。
  刑務所でがんばったから、大じょうぶ。

- つぎにやろうとしていることは。
  なにもしない。

第1部　性問題行動の理解と支援

図3-2　Bさんのよい行動サイクル

どんな気もちでしたか。 いつものいい気もち	きっかけはなんですか。 年下の利用者にえらそうにいわれた。	どんな気もちになりましたか。 はらがたって、嫌な気もちになった。	ストップしてどう考えましたか。 その場からはなれて深呼吸しよう。	なにを考えましたか。 えらそうにいわないでほしい。
じかんがたった。		わたしの よい行動サイクル 		ストップして、どう考えましたか。 嫌な気もちのままだと危険だから自分の気もちをいいたい。
つぎの計画はなんですか。 自分の気もちをいうことと、友だちの意見をきく練習をする。				なにを計画しましたか。 ロールプレイで自分の気もちをいう練習をする。
自分のしたことについて、どう考えましたか。 ストップして考えたら、よい選択ができた。	どんな気もちになりましたか。 うれしかった。とてもいい気ぶん。	あなたにとってよかったことはなんですか。 自分の気もちをいった。相手がわかってくれた。	まわりの人にとってよかったことはなんですか。 みんなでたのしく作業ができた。	なにをしましたか。 「嫌な気もちになるから、えらそうにいわないで」といった。

変化を考えてみたところ、汗をかいたり呼吸が荒くなることに気づいた。その状態がストップ（Ｓ）すべき時のサインだとプログラム実施者から教えられた。偉そうにされて腹が立ったとき、深呼吸や簡単な体操をして気持ちが落ち着いたら、問題行動を起こさないでもすむ別の方法（Ｏ）を考えられると思った。別の方法（Ｏ）には、近くにいる支援者と話すことや、偉そうにした相手に「偉そうにしないでほしい」と言うことだとわかった。Ｂさんには、どうしたらいいのかを誰かに相談するほうがやりやすいと思い、別の方法として近くにいる支援者にすぐに話すことに決めた（良い行動を決めるＤ）。

　実際には、いつも近くに相談にのってもらえる支援者がいるとは限らないので、「自分の意見をはっきりいう（アサーティブ）」ことも必要だとわかった。プログラム実施者と一緒に「自分の意見をはっきりいう（アサーティブ）」のロールプレイをして、相手に「偉そうにしないでほしい」と自分の気持ちを伝える練習をした。ロールプレイで何度か練習し、Ｂさんはこれから同じような出来事があったとしても自分１人で言えそうだと思った。

　Ｂさんは、良い行動のサイクル作りのほかにも、正しいタッチ・まちがったタッチ、境界線、同意、マスターベーションのルール等を学習して対人関係のとり方を学んだ。性暴力を起こした「いままでの私」ではなく、犯罪をしないで生きる「あたらしい私」の思考や行動を実行して、将来はどんな暮らしをしたいかということも考えるよう求められた。Ｂさんは、グループホームで暮らし、通所事業所に通うことを希望した。

　その後、被害者について話し合いをしたところ、Ｂさんは性暴力を起こした時、女児がどんな様子だったかを覚えていなかった。これまで、女児が傷ついているかもしれないことを誰からも聞かされていないし、自分で考えることもしなかった。そこで、プログラム実施者とともに『性暴力被害とわたしの被害者を理解するワークブック』に取り組むことにした。

　Ｂさんは自分の性暴力は悪いことであると理解していたが、たいしたことではないと思っていた。しかし、このワークに取り組むことで、被害者は性暴力によって長い間苦しみ、身体的な不調や生活のしづらさを抱えることを知った。自分の行動のために被害者は今も苦しんでいるか

もしれないことにとても驚いた。Bさんは自分の被害者のことを考えると、自分が考えていた以上に大変なことをしてしまったと気がつき、とてもショックを受けた。プログラム実施者からは性暴力をしないで「あたらしい私」として生活していくことの大切さの説明を受け、本当にそうしなければならないと思った。

　しばらくして援護の実施市と施設が中心となり、入所型施設から地域への移行が検討された。高齢の母との同居は無理で、グループホームなど支援者が身近にいる場での生活がBさんの希望にもそっていると判断され、グループホームへの体験入所と通所事業所での作業実習を行うことにした。体験入所や作業実習の期間、Bさんがプログラムで学習したスキルや知識を地域の生活で実践できるかどうかを確認することになった。

　作業実習を開始する前に、Bさんは、「ソーダS.O.D.A.」を実践する準備として、危険ゾーンとなりそうな場所を施設職員といっしょにチェックした。また、一人でいる女児を見かけた時にどうすればよいかを考えてロールプレイで練習した。怒りなどネガティブな気分や感情を絶えずモニターして、リラクゼーションしたり支援者に相談すること、大事な社会的スキルとしての適度な自己主張（アサーティブ）ができるかどうかも点検した。

　通所事業所への移動、他の利用者や支援員とのあいさつ、作業への取り組み、身だしなみ、規則正しい生活についてスターチャート（約束を守れたら☆シールを貼る評価表）を使って自分の生活ぶりを確認した。グループホームの宿泊体験でも同じスターチャートが用いられ、Bさんにとってはシールが増えていくことが毎日の励みになった。

　通所事業所での実習やグループホームの体験入所を経て、地域移行に向けて援護の実施市、施設、障害者更生相談所、相談支援事業所、グループホーム、通所事業所、ガイドヘルパー事業所、社会福祉協議会など、Bさんの地域生活の支援に関係する機関の職員があつまって会議がもたれた。Bさんの支援者全員で、Bさんの対人関係の特性や考えかたエラー、心理教育・心理治療における学習内容が共有された。新しい生活環境に合わせて、きっかけ、危険ゾーンの特定、それらへの対処方法、

対人関係の取り方、陥りやすい感情や思考内容、その際のコミュニケーションの仕方、通所事業所での作業内容、休日の過ごし方や見守りなど、具体的な支援体制が組み立てられ、Ｂさんの個別支援計画に盛り込まれた。

　Ｂさん、プログラム実施者、施設支援員、地域の相談支援専門員は、施設を退所して新しい環境の中でＢさんが「あたらしい私」として考え、行動するために必要なことを話し合った。Ｂさんがこれから生活する地域、グループホーム、通所事業所の中で、Ｂさんのきっかけや危険ゾーンへの対処の仕方を復習し、さらに新たな人間関係の中で危険ゾーンとなる気分や感情への対処が重要であることが確認された。Ｂさんは、自分のきっかけ、危険ゾーン、考えかたエラー、それらへの対処方法をいつでも思い出せるようにフラッシュカード(2)に書いて財布の中に入れて持ち歩くことにした。

　Ｂさんは、施設での心理教育・心理治療を通して学習した内容をまとめ、「安心して生活するための計画」を作った。そして、この計画を実行して、「あたらしい私」として頑張っていこうと考え、Ｂさんは施設入所２年を過ぎたころ地域生活へ移行した。

事例Ｂさんのまとめ

　Ｂさんは、心理教育・心理治療のプロセスで、人間関係での出来事がイライラとなって増幅され、性問題行動の準備状態あるいは誘発要因となることを学習しました。Ｂさんにとっては、自分の気持ちや考え方を常にモニタリングすることが重要でした。Ｂさんが腹立ち、悔しさ、嫌な気持ちを感じた時、生活場面にあわせてどのような行動が選択できるのかが再検討されました。深呼吸などのリラクゼーション方法、相手に対して自分の意見をはっきり言う、その場を離れる、などの対処スキルを習得し実践に移したのです。

　支援者たちは、施設生活や通所事業所でＢさんが体験する出来事やＢさんの生活について常に確認を続けていました。Ｂさん自身が、自分のきっかけや危険ゾーンを知ること、自分の気持ちや考えに気づくこと、行動をコントロールすること等を実践し続けることが最も重要ですが、そのためには、支援者すべてがその必要性を理解し、

> 声かけ、チェック、うまくできたことへの肯定的な評価と励ましを繰り返すことが必要です。このような支援者のモニタリング機能とその継続は、Bさんが地域で安全に生活していくために必要不可欠なサポートです。

2. 生活場面で対処スキルを完成させる

（1）心理的支援と生活支援のつながり

　前章において、性問題行動のある対象者が地域社会への再統合をめざすためには、以下の3つの領域における心理的支援がそれぞれ関連性を持ちながら実施され、定着する必要があるとしました。

　　領域a）性問題行動の再発・再犯の防止を目的とした心理教育・心理治療
　　領域b）性知識、性行動、対人関係などセクシュアリティに関連した知識、ルール、スキルの心理教育
　　領域c）対象者のストレングスを軸として、心理教育・心理治療により対象者が習得したスキルや知識の実践への支援を含む地域生活の支援

　これら、心理的支援の3領域の重なりをAさん、Bさんという2つの架空事例を使って示しました。
　知的能力の制約によって誤って学習されたり学習が不完全であったために、対人関係や性行動の正しいスキルの獲得ができなかったこと、社会的状況や文脈の理解が不十分になったこと、そうしたことから対人関係の中で不適切な行動をとる可能性があることはすでに述べたとおりです。性問題行動に焦点を当てたプログラムでは、知的な能力や障害特性に応じた心理教育・心理治療が行われます。そのテーマは、セクシュアリティに関連した知識、ルール、スキルを学習し、性問題行動を再び行わないための自己コントロール力を習得し、問題行動にたよらず自分自身の人生を送ることです。対象者が心理教育・心理治療によって身につ

けたスキルや知識を生活の場で実践するためには、きっかけや危険ゾーン等の自分自身のリスクに気づくこと、自分の感情や誤った認知に気づいてそれらをコントロールすることに意識を向けること、つまりモニタリングが必要となります。知的・発達障害のある対象者の場合、障害の特性などによっては異なりますが、自己コントロールやモニタリングが不十分である場合、適切なサポートがタイミング良く提供されることが必要です。前記の領域a）、領域b）で個別に行われた心理的支援を実生活に定着させるための支援が領域c）における支援です。そこでは心理的支援が生活支援へアウトリーチされ、生活支援における支援計画には心理教育・心理治療で対象者が習得したスキルの定着という要素を含めることが必要となるのです。

　繰り返しになりますが、支援に携わる者はプログラムによる心理教育・心理治療の全容を理解しておく必要があります。少なくとも対象者の問題行動のきっかけや危険ゾーンという特定されたハイリスク要因が何であるか、対象者が学習したその対処方法、「自己コントロール」を知っておかねばなりません。

（2）スキルの実行・点検・修正

　事例Bさんのポイントは、矯正施設を経て障害者支援施設に入所し性問題行動に対する心理教育・心理治療を受け、地域生活へと向かうところにあります。地域移行の過程においては、対象者が獲得したスキルを日常生活のなかで対象者が実行します。自分のきっかけや危険ゾーン、考えかたエラーなど自分自身の内側に生じるリスク、自分の外側の生活環境にあるリスクのどちらにも気づき有効に対処できるかどうかが重要です。

　実生活における実践には、これまでの心理教育・心理治療にはない偶発的な出来事や、その場の状況の前後関係や文脈の変化、新たな対人関係等、さまざまな事柄が影響を及ぼします。今まで想定しなかったことに遭遇することもあるでしょう。遭遇した環境の変化に対象者が気づき、さらにそれらが対象者に及ぼした影響に対象者自身が気づいたか、対象者自身が気づいたということを対象者自身が感じとったか、この二つの気づきに対する点検が必要です。すこしややこしい二重の構造になり、

また短い時間で推移することもあるので、対象者が一人で気づくのは困難なこともあり、プログラム実施者や支援者といっしょに振り返りをしたほうがうまくいくかもしれません。その結果、うまく対処できていたら肯定的に評価し、習得したスキルに工夫の必要性や不足があれば改善してスキルの完成度を高めます。

対処スキルの実行、結果の点検、必要な修正という一連の流れをプログラム実施者や支援者とともに繰り返します。対象者と支援者らとの協働作業は、対象者自身が自分の感情や状態に対する敏感さを高め、自己コントロールし、適切な対処能力を強化することにつながるはずです。

対象者の実生活での体験を通して、より強化するべき自己コントロールについて、再度、架空事例をもとに具体的に検討してみましょう。自分の状態や感情について、Aさんの事例では、手をつなぎたい、キスしたいという自分の気持ちであり、事例Bさんでは親しい友人がほしい、人に偉そうに言われてイライラする、女の子とつきあいたいという性的な欲求などの感情の変化でした。これらは性問題行動に先行する準備状態と言えるものです。これらのきっかけや危険ゾーン等のリスクに遭遇した際、対象者が自分の行動をストップして新たに良い方法を選択する対処スキルを「ソーダS.O.D.A」を使って身につけます。「ソーダS.O.D.A」を段階をおって順にロールプレイしてみて、対処スキルの実行、結果の点検、必要な修正という一連の流れを点検してみます。タイミングよく実行するには「ソーダS.O.D.A」を絶えず意識しておくことや気持ちの落ち着きが必要だ、ということに気づくかもしれません。

気持ちを落ち着けてよい行動を選択するときに、例えばAさんでは深呼吸を活用しました。また、「ソーダS.O.D.A」の段階をカード化して、自分のリスクへの気づきと行動を変えるスキルのスタートスイッチとして活用することも考えられます。カード以外にも、小さなボールや玩具をポケットに入れておき随時触れることができるようにして気づきのサインとすることや、あたかも双眼鏡で未来の結果を見すえて考えているかのように額に手を当てて結果について考えること、また、赤（止まれ）・緑（進め）・黄（待て）の信号機を思い浮かべて状況を判断するなど、さまざまな方法があります（Hansen, 2006, p.118）。

（3）情報共有の重要性

　事例Ａさんで取り上げた課題は、Ａさんに直接かかわる支援者全員にＡさんの行動に関する課題点、心理教育・心理治療の内容、習得したスキルなどが共有されず、生活支援全体の中でその全容が具体的に示されなかったことです。その結果、支援者たちは個々に自分の価値観や判断をもとに支援を実施してしまい、心理教育・心理治療によってＡさんが学んだ知識が生活場面で活かされず、習得したスキルの定着が遅れてしまったのです。学習したことと実生活における実践に連続性が欠けると、対象者は自分の習得したスキルを自分の行動として定着させるチャンスを失ってしまいます。身につけたスキルを実生活から切り離しては意味がありません。また、実生活で機能させなければそのスキルは定着しません。前述したように、領域 a) 性問題行動の再発・再犯の防止と領域 b) セクシュアリティの知識とスキルを、領域 c) 地域生活支援につなげるという心理的支援が重要なのです。

　性問題行動を再び行わないことを目的とした支援や指導には、まず初めに対象者の同意を前提に彼らが学習した内容を支援者たちが理解することが必要です。そこには当然、対象者がこれまでに行った性問題行動の内容が含まれます。プログラム実施者は、対象者と心理教育・心理治療を始める際に治療契約を結びますが、その際、対象者とともに扱う情報をプログラム実施者以外にどこまで共有するのか、その情報の範囲と支援者の範囲について確認と同意が必要となります。プログラムが進み対象者に関する情報が増加していき、実生活における実行を視野に入れて生活支援者の理解と協力が必要となる段階に近づいた時、対象者とともに共有する情報の範囲と共有の対象となる支援者の範囲を再度検討する必要があるでしょう。その際、対象者による確認と同意が再度必要となることがあるかもしれません[3]。こうした手順を経たうえで、支援者は対象者が何を学習したのかを共通理解し支援することが必要です。

　前述の架空事例では通所事業所やグループホームなど障害福祉サービスの機関を想定し、各機関の情報共有のあり方が支援のポイントであるとしています。しかし、すべての支援者や関係者が情報共有できるかどうかには課題もあります。対象者の中には一般の企業に就労するケースもあり、その場合生活範囲は広範囲なものとなって関係する機関は飛躍

的に増えることから、実際には情報共有できる範囲には限界があります。また、情報には被害者に関する情報が含まれる可能性もあることから、すべての機関が一律に情報共有の対象となるとは言えません。情報を共有する機関の範囲は、対象者自身の意向、関係する司法関連機関や心理教育・心理治療実施機関などによる慎重な検討が必要となります。

　先にも触れたとおり、性に関する事柄に対応する時、支援者自身の価値観、道徳観などの違いが先鋭化することがあります。もし、性問題行動への対処について支援者間の意識に相違があったり、心理治療・心理教育の内容の理解にズレがあるとすれば、支援者の考え方や意識の方向性が重なり合うよう努力することが必要です。

(4)「あたらしい私」としての出発

　性問題行動を示す知的・発達障害児者への支援は、性問題行動のみを修正しようとすることで解決するものではありません。第1章で述べたグッド・ライブズ・モデルにおいて示された方向性を念頭において、対象者が親密な人間関係を構築し、社会的交流を充実させ拡大させていくことなど「あたらしい私」として示された基本的な価値や犯罪をしないで有意義な生活をおくることへの支援であることを忘れてはなりません。

　性問題行動の内容や頻度によっては、支援者は地域移行に対して強い不安を感じることがあるかもしれません。しかし、それまでの心理教育・心理治療や支援の努力は、対象者が地域社会で生きていくことに向けられるものであって、対象者に対する本来の支援は地域社会から遠ざけるだけでは完了しないはずです。

　加えて心にとどめておきたいことは、対象者が自分の性的感情や衝動などを話してもよい、プライベートなことを話してもよいと判断する支援者がいるかどうか、いるとすれば誰か、ということが問われていることです。『フットプリント第2版』において対象者に対して何度も問われる課題です。

　対象者にとって性的感情や衝動も含めてすべてを話せる支援者とは、支援者が指定したり決めるものではありません。対象者が自分の性問題行動や、話しづらい（性的）感情や衝動などを表現しても、驚き、戸惑い、非難なしに受け止めてくれるはずだと対象者自身が信じる支援者で

す。時にはそうした人物が見当たらないことがありますが、それは対象者が親密な関係を築き維持することが困難であったり、社会的関係において孤立しているなど、対象者の特性、対人関係の課題、社会関係の問題などが重なり合った結果です。しかし、対象者が信頼できる大切な支援者は、対象者本人が困った時あるいはうまく自己コントロールできそうにない時に相談し援助を求めるために不可欠の存在です。性問題行動に対する心理教育・心理治療の実生活における実行を契機に、対象者はもちろんのこと支援者もその重要性を理解しておかなければなりません。支援の担当者というだけではその役割は十分ではなく、代替のきく支援者ではないことは対象者自身が感じとっているはずです。

こうした支援者とのつながりを基礎として対人関係を拡大し、地域生活を再スタートした対象者はいままでの私ではない「私」になって、地域社会の責任ある一員となることが期待されます。

注
(1) 『フットプリント第2版』ステップ10『選択』で課題とされる行動選択のためのスキルである。まずストップしてハイリスク要因（危険ゾーンと呼ばれる）であるきっかけを見つける（S）、別の方法を考える（O）、別の適応的な行動を選択する（D）、選択した行動を実行する（A）の各頭文字を連ねて「S.O.D.A. ソーダ」と呼ぶ。
(2) 『フットプリント第2版』には、各ステップの重要ポイントや考えかたエラーをカード化した「フラッシュカード」が巻末に用意されている。
(3) 『フットプリント第2版』では支援者や支援の内容などを確認するとされています。ステップ14「安心して生活するためのわたしの計画」宿題14D、ステップ16「ステップを実行して生きる」宿題16Dを参照。

第 2 部

『性暴力被害とわたしの被害者を理解するワークブック』を使った支援

第 4 章

『性暴力被害とわたしの被害者を理解するワークブック』ガイド

第2部 『性暴力被害とわたしの被害者を理解するワークブック』を使った支援

1. 基本的な考え方と構成

（1）ワークの目的

　『性暴力被害とわたしの被害者を理解するワークブック』は、性暴力の加害者が自分のもたらした被害について学習し、性暴力被害と被害者について理解を深め、被害者に対する自分の考え方や気持ちを検討することが目的です。被害者理解についていつも求められるのは共感的な理解ですが、感情などのモニタリングや自己コントロールなどが課題となっている対象者にとっては簡単なことではありません。被害者の被害時の様子や現状の気づきなどを手がかりに共感をともなった理解に接近することがねらいのひとつです。

　ワークの内容は次に示します。

- 自分の性暴力について理解を深める。
- 被害者の傷つき、気持ち、考え、生活上の困難について共感をともなって理解する。
- 被害者に対する自分の気持ちや考えに気づき、整理し、表現する。
- 被害者家族の気持ちを理解する。さらに、自分の家族の傷つきや気持ちを理解する。

　このワークは、性問題行動（性暴力）を対象とした心理教育・心理治療プログラムの一部分と位置づけています。対象者が心理教育・心理治療プログラムを受け、性暴力の被害について学習し、自分が行った性暴力への理解を深めるためのものです。同時に、性問題行動（性暴力）をしない対人関係のあり方を学習していくための動機づけに役立ち、『フットプリント第2版』などプログラムのまとめとして位置づけることもできます。

　このワークは着想、作成、試行、修正を繰り返しながら作りあげたもので、この章はすでに別にまとめた伊庭・姥・隈部・福嶋・細田・松澤・本多（2012）、および本多・伊庭・隈部（2013）、本多（2014）をもとに、ワークの構成、内容、実施時の注意などを大幅に書き加えました。

（2）ワークの構成

『性暴力被害とわたしの被害者を理解するワークブック』は26のシートから成っています。その構成を表4－1に示します。

表4－1　『性暴力被害とわたしの被害者を理解するワークブック』の構成

シート	タイトル	内　容
1	ワークの目的	目的を示す。
2	性暴力とは	性暴力とは何かを示す。
3	性暴力の被害者（1）	自分の性暴力の内容と被害者（複数）を具体的に書く。
4	性暴力の被害者（2）	被害者（複数）の被害時の気持ちを考え、そう考えた理由を書く。
5	性暴力の被害者（3）	被害者の身体の損傷状態、現在の気持ち、生活への影響を考える。
6	トラウマとは	トラウマについて学習する。
7	ストレスをかんじたときの〈からだの調子〉〈気もち〉〈考え方〉〈行動〉	ストレスの影響を学習する準備として、対象者がストレスを感じた時、自分の身体の状態、感情、思考、行動を振り返る。
8	性暴力をうけたあとにおこる問題（トラウマ症状の例）	性暴力のような過酷なストレス後の身体の状態、感情、思考、行動への具体的な影響を学習する。
9～16	性暴力被害者の架空4事例とその解説	Aさん（25歳女性）、Bちゃん（小学校1年生女児）、Cさん（高校1年生女性）、Dさん（30歳男性）の4事例とその解説をもとにして、被害と被害者について具体的に理解を進める。
17	リラックスしましょう	必要に応じ、対象者の状態に合わせて緊張をほぐしリラックスする。
18	わたしの被害者（1）	被害者が被害を受けなかったとしたら、どんな人生をおくったかを想像し年齢に沿って線で示す。
19	わたしの被害者（2）	被害者が被害を受け人生がどう変化したかを想像し年齢に沿って線で示す。
20	わたしの被害者の気もちの理解（1）	被害をうけた時の被害者の外見を思い出し、それを手がかりに被害者の感情と思考内容を考える。被害者は2名分あり、被害者1人につき外見の様子を3つあげ、その外見の様子ごとに被害者の感情と思考内容を考える。
21	わたしの被害者の気もちの理解（2）	被害者の現在について、生活上の困難、回想した時の感情や思考を示し、それらに対して対象者が今考えていることを示す。
22	わたしの被害者へ伝えること	加害者として、被害者に今、伝えねばならないことを考え、文にする。
23	わたしの家族のこと（1）	自分の家族が自分に伝えたいことを考える。
24	わたしの家族のこと（2）	自分の家族に対して自分が言いたいこと、困っていること、さらに、被害者の家族に対して伝えたいことを書く。
25	ワークの復習	内容を振り返る。
26	ワークの感想	ワークの感想を書く。

2. 各セクションのねらいと指導

（1）実施に際しての留意点

被害者、加害者の個別情報を話すことが多いので、グループワークとしてよりも個別セッションとして実施したほうがよいでしょう。ここでは実施者を「ワーク実施者」と呼ぶことにします。

本ワークには、表4－1に示すように26の課題となるシートがあります。各シートの実施の仕方はほぼ以下のような手順で実施します。

手順(1) 説明文を理解する。
手順(2) 課題に対する回答を書く。
手順(3) 回答内容についてワーク実施者と話し合いながら、誤りがあれば訂正する、内容に不足があれば加筆する、内容があいまいなら明確にする。
手順(4) シートを終了したら、欄外の☐☐に対象者とワーク実施者がそれぞれチェックをいれる。

ワーク実施者は、説明された内容や意図、問われている内容について対象者の理解の程度やズレや誤りがないかを絶えず確認しながら進める必要があります。もし言語能力などの問題により対象者の回答内容に不十分さや偏りがみられたら、ワークの意図にそって内容を繰り返し説明する必要があります。

対象者によっては、このワークで求められる被害者の様子やその様子に対する自分の感情に気づくこと、または想像することに困難を感じるかもしれません。回答には表現力の不足や求められている課題からのズレがあるかもしれません。対象者の特性などに応じた説明や教示を加えるだけでなく、『フットプリント第2版』などのプログラムによる感情への気づきや表現の学習、さらにコミック会話や感情カードなどの視覚的支援を組み込んだ学習ツールなどの併用も考えられます。

前章でもふれましたが、対象者が自分の性暴力を説明する時、認知の歪み／考えかたエラーが出現することがあります。例えば、「シート3

〜5」において自分の性暴力の内容、その時の被害者の気持ちや傷つき、生活への影響を回答した時に、「それほどひどいことはしていない」などの矮小化や、「（被害者は）黙っていたから何もわかっていない」「（被害者が）黙っていたのは同意したという意味だ」「相手はなにをされているのかわかっていない」など自分の行動を正当化しようとすることがあります。これらは加害行為の理解を誤った方向に導き、被害者に対する気づきを阻害します。認知の歪み／考えかたエラーは、『フットプリント第2版』などのプログラムでも取り上げられ、対象者は心理教育・心理治療のなかで学習しているはずですが、何度も起こることがあります。

　第1章でも述べましたが、知的・発達障害児者の場合、認知の歪み／考えかたエラーと判断し難い理解、あるいは未熟な理解を示すことがあります。ワーク実施者はこのような対象者の特性を念頭に、対象者の回答内容を吟味し、必要なら指摘し課題として取り上げて理解を促す指導や心理教育を繰り返すことも必要です。

　対象者が被害者について知ることは、自分の実行した性暴力の意味を突きつけられることでもあり、対象者にとっては心理的に圧迫を受ける作業です。それだけにこのワークを進めるには、他と同様にワーク実施者との信頼関係が重要です。ワーク実施者は、時に対象者を非難したくなる気持ちにおそわれるかもしれませんが、対象者の全人格を否定せず取り組みを評価し支えながらワークを実施することが求められます。

（2）実施のポイント

　『性暴力被害とわたしの被害者を理解するワークブック』を実施する時の各シートのポイントや留意点を示します。

シート3　性暴力の被害者 (1)

　自分の加害行動の内容の詳細、および行動ごとに被害者を具体的かつ詳細に書く。被害者については本人が知っている範囲で具体的に。例を参照のこと。

　状況、場所、時間帯、被害者が何をしているところだったかなども可能であれば書く。プログラム前に一度聴取している場合であっても、こ

のワークの起点となるので必ず実施する。

シート4　性暴力の被害者（2）

　被害者について考える第一歩として、被害をうけた時の①被害者に生じた感情を想像させ、②対象者がなぜそう思ったのかその根拠を問うシートである。ここに用意されているのは3名分であるが、それを超える場合には何らかの基準を設けて選択する。

　ワークの後半に再度、被害者の状態を詳細に考えるシート20、21がある。シート4では対象者がこの段階で考えている内容を確認することが目的であるが、誤った理解または未熟な解釈があれば、この段階から丹念に修正する。

　回答することへの心理的抵抗感とともに、認知能力の制限や社会性の障害から相手の立場に置き換えて考えることが困難な対象者にとっては難しい課題となることがある。相手の気持ちを推し量ることに困難さを持つ対象者について、シート6以降の学習が手がかりの一つになる。

シート5　性暴力の被害者（3）

　被害者（1人）の身体の損傷状態、現在の気持ち、思考の変化、生活への影響を考える。

シート6　トラウマとは

　命にかかわるような恐ろしい体験、あるいは自分の力ではどうすることもできないような体験をすることで生じるトラウマ症状について学習する。

シート7　ストレスをかんじたときの〈からだの調子〉〈気もち〉〈考え方〉〈行動〉

　トラウマについて理解を深めるために、強いストレスを体験した時の、対象者自身の身体の変化、気持ち、思考（考え方）、行動の変化について考えるためのワークシートである。このシートは次シートから続く性暴力被害や被害者の状態を理解するための導入である。

　まず、対象者はシートの中央に自分の絵を描く。つぎに、「ストレス」の欄にストレスを感じた状況や出来事を書く。例えば、大勢の人前で自

分の意見を言う、仕事のミスを注意される、嫌いな友だちが隣の席にすわる、などである。そのような時、対象者自身の身体の調子はどうなるか、どんな気持ちになるのか、行動や生活はどうなるか、考え方はどのように変わるか、などについて書き込む。対象者から反応が出にくい場合は、治療者がいっしょに考え、例えば「ドキドキする人もいる」など例を示しながら内容を深めるとよい。

　対象者の反応を身体変化、感情、思考、行動のどれかに分類し、対象者に意識させておくことも必要である。「怒って文句を言った」、「あいつのせいだと思った」など感情と行動、思考と感情が結合した表現は多くみられるが、感情、思考、行動に分けて対象者の状態について心理教育すれば後の学習がスムーズになる。人を描くことにしり込みする対象者もいるが、その場合は人を描くこと自体が目的ではないことを強調する。

シート8　性暴力をうけたあとにおこる問題（トラウマ症状の例）

　トラウマ症状や行動上の問題を説明したシートである。トラウマをうけた後、すべての人がこのような症状を起こすわけではなく、またここに書かれている症状のすべてが出るわけではない。しかしながら、このような状態になりやすい、あるいは表面的にはわからなくても、被害者自身はこのような症状に悩み、特に思考（考え方）については、外見上の変化はなくともその後の生活や対人関係に大きく影響し、現在もなお続いているかもしれないことなどを説明する。

　対象者が関係者や支援者から被害者のその後の状況を聞いていない場合には、一層ていねいな説明が必要となるだろう。また、対象者からなぜこんな症状が起こるのかと質問されることもある。ワーク実施者にはトラウマ症状や被害体験が被害者に及ぼす影響などの知識とともに、対象者の能力や特性に応じたわかりやすい説明が求められる。自分の被害者にどのような症状があるかを知ることは簡単ではないが、性暴力被害者に生じやすいものであることを理解しておくことは重要である。

　第1章の注(1)(3)(5)、第2章の注(4)も参照。

シート9　Aさんの場合
シート10　Aさんは被害のためにたいへんこまっています

シート9、11、13、15は架空の被害者の事例で、性暴力の被害者に起こりやすい症状や生活の困難や変化を取り上げている。シート10、12、14、16は架空の被害者の事例（シート9、11、13、15）の解説で、それぞれの架空事例のシートに対応している。

このシート9は幼児期に性暴力被害を受け、その後、成人になってからも長年にわたってトラウマ症状や行動上の問題に苦しんでいる事例である。

シート11　Bちゃんの場合
シート12　Bちゃんは被害者なのに、自分がわるいとおもいました

家族から性暴力被害を受けた児童の事例で、信頼していた人からの性暴力の影響や被害児が年齢的に状況を理解しにくい点についても触れている。

シート13　Cさんの場合
シート14　Cさんは登校や外出ができなくなりました

知らない人から受けた被害によって生活のあり方が大きく変わってしまった高校生の事例である。

シート15　Dさんの場合
シート16　Dさんはお酒にたよってしまい、会社をやめました

男性同士の性暴力被害で、アルコール依存についても触れている。

これら架空事例によるワークでは、対象者自身が被害体験を思い出すことがある。特に男性の対象者が多いので、このシート15は対象者自身の体験に結びつきやすく、細かな点に反応や関心が示されることがある。

シート17　リラックスしましょう

ここまでが、被害者を明らかにし被害の内容やその理解を中心としたワークである。このシートは、ワークの進行具合や対象者の態度や状態を見ながら必要に応じて導入する。リラゼーションの方法としては、深呼吸、腹式呼吸、筋弛緩法、絵を描く、音楽を聴く、などの方法がある。

性暴力被害を受けたことから起こるトラウマ症状や行動上の問題、事例を通して被害者の生活の変化などについての学習（シート6〜17）を受けて、シート18以降は、再度、自分の被害者について考えるワークに入る。自分の被害者に対する誤った理解や見落としに気づくなど、シート4、5の回答内容から変化が期待されるところである。

シート18　わたしの被害者 (1)

もし被害者が被害を受けなかったら、どのような人生を送っていたかをライフスケールとして上下に揺れる一本の線で表現する。人生の良い状態、良くない状態のイメージを横軸の被害者の年齢変化にそって、良い場合は中央線より上に、良くない場合は下に向けて描く。

横軸の下の空欄には被害者の年齢を書き、隣の空欄には妥当な将来の年齢を書く。例を見れば簡単な教示で理解できるが、例示を単にまねるだけの場合もあるので注意が必要である。この線はさまざまな人生の出来事により上下に変化し、その振れ幅も重大さによって異なる。誰もが体験する発達上の出来事（例、入学や就職）だけでなく、偶発的で個別的な出来事（例、重要な人との離別や死別）あるいは確認が困難な主観的な出来事（例、友だちから嫌われた）があり、出来事の種類に偏りがないか確認する必要がある。

シート19　わたしの被害者 (2)

被害者が被害を受けた後どのような人生を送っているか、被害者のライフスケールを一本の線で描く。

対象者は、線を描きながら、後悔、困惑、こうあってほしい願望などさまざまに表明することがあり、面接などにより理解を深めていく契機となることがある。対象者は、線を描くことで被害者の気持ちを想像し、同時に対象者自身にもさまざまな気持ちが湧き上がってくるかもしれない。ワーク実施者は、単に線が描けたかどうかではなく、対象者の感情の変化を意識し面接を深めるべきである。

シート20　わたしの被害者の気もちの理解 (1)

対象者が被害や被害者を理解するプロセスをワーク実施者が詳細に検

討し、必要に応じて心理教育するシートである。被害者が被害を受けた時点を対象とする。第2章「4. 被害者への共感的理解に近づく」も参照のこと。シート20の構成を図4－1に示す。

ここでは、再び、①対象者の性暴力の内容、②性暴力の被害者、を書き以下の設問に移る。

③対象者が気づいた、記憶している被害者の動作、表情、発言など外見からわかる具体的な様子や状態を書く。

④上記③の外見上の状態や様子などを手がかりに被害者の気持ちを想像する。さらに想像した気持ちの根拠を書く。

⑤上記④と同様に③をもとに被害者の考えを対象者が想像する。さらに想像した考え（思考）の根拠を書く。

1人の被害者につき、外見・感情・思考のセットで3回問う。（1-1、1-2、1-3）。③被害者の外見から見た様子や変化に気づき、必ず③をもとに被害者の④気持ちや⑤考えを推測、解釈し表現させる。こうしたシートの組み立てをあらかじめ対象者に説明しておいたほうが、シートに対する戸惑いが減り実施しやすい。

被害者2名分（被害者1、被害者2）が用意されているが、被害者が3名以上の場合は、加害または被害の重大性、記憶の鮮明さ、被害者との関係などを考慮して被害者2名を特定し選択する。

図4－1　シート20の構成

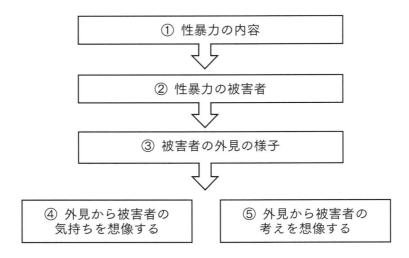

ここで重要なのは、③被害者の外見上の様子を手がかりとする点である。性暴力被害者はこういう状態であるとの一般化された情報や知識を求めているのではない。また作話や対象者の願望を含んだような現実から遊離した回答を避けるためにも、必ず回答の根拠を問い、外見上の様子を手がかりに想像したかを確認する。被害者が多数であるからといって、被害者をまとめる、代表させるなど一般化は、「わたしの被害者」という主旨を損なうので避ける。

　対象者が自分自身の性暴力がもたらした被害や被害者に対する共感的理解が進まない一因が、外見の様子を手がかりとした感情や思考の類推というプロセスにある。忘れた、思い出せない、あるいはまれに見なかったという反応もあるだろう。思い出す努力や想像する努力が必要となるかも知れない。このプロセスのどこかに歪曲した理解、誤った理解、無視、無関心などがあるかもしれない。

　その反応は前半部のシート4もあわせ、次の4つの反応カテゴリーが想定される。

　　パターンa）社会規範による類推（想定例：こんなことをされるのは誰だって嫌だから）
　　パターンb）被害者の行動からの類推（想定例：泣いていたから嫌な気持ちだろう）
　　パターンc）自己の経験からの類推（想定例：自分がいじめられていた時の気持ちと同じ）
　　パターンd）独特な類推（想定例：被害者が黙っていたのは同意したという意味だ）

　上記のパターンb）は対象者が被害者の外見上の手がかりに気づき、その手がかりを正しく解釈した結果である。このパターンのように反応したからといって十分理解していると即断せず、以下に述べるようにその反応へ至ったプロセスを確認することが重要である。プログラム同様、正答を得ることだけを目的とはしない。

　パターンc）は自分の類似した経験に対する感情をもとに解釈するものである。これは、第2章4.で述べた「同じであるのは当然のことと考える」に相当する。いじめられた時に私は悲しかったので、きっと被害

者も悲しんでいるはずだ、と理解する。しかしながら、共感的理解につながるためには、同じ経験をしたとしても他者は必ずしも自分と同じ感情を持つわけではない、「異なっていることは当然のことと考える」との認識が必要である。いじめられた時をあげるにしても、悲しい、苦しい、嫌だ、誰も助けてくれない、反撃したいなどさまざまな感情や考えがわくはずである．

　パターンa）でも同様に、嫌な気持ちになる人もあれば怒りを感じる人もいるなど、単に知識に終わらず多様な感情に気づき自分の被害者の感情を考えたかが重要で、共感的理解につながるポイントである。

　一方、パターンd）は認知の歪み／考えかたエラーにつながる誤った解釈、または未熟な理解で、対象者が共感的理解へ接近するのを妨害し、その責任を曖昧にするので即時の修正が必要である。

　心理的圧迫感の強いシートで、被害者の様子が思い出せない、感情や思考の手がかりに気づかない、手がかりを解釈できない、また被害者の立場を想像し理解することが困難だ、などがあるかもしれない。その場合には、上記の4パターンを念頭におき、第2章4.に示した段階a）から段階d）を参考に、必要なら例示あるいは教示しながら面接を進めることもある。対象者の状態や特性に応じてていねいに進めることそのものが心理教育といえる。

　被害者一人につき、③外見上の様子、④気持ち、⑤考え、これら3項目のセットが3回繰り返される。③外見上の様子、がひとつしか思い出せないということもあるが、その場合にはそこから推測される④気持ち、⑤考え、をワーク実施者が心理教育し、あるいは対象者とともに考え、促すことも必要かもしれない。

　また、「様子」という言葉が指し示すものがあいまいで、対象者によっては何を問われているのか、どう答えればよいのかわからないと疑問が出ることもある。「様子」は視覚情報だけでなく被害者の内側に生じた感情までも含むため、③外見上の様子を書く欄に、④気持ち、⑤考えが書かれることがあるので、対象者に確認しながら進め、その反応によっては具体的に説明したほうが効果的な場合もある。

シート21　わたしの被害者の気もちの理解 (2)

　現在に時間を移し、被害者が現在直面している困難、被害者が性暴力被害を思い出した時の感情や考えを想像して書く。最後に、被害者への現在の対象者の思いを書く。このシートの焦点は現在であることを忘れてはならない。

　課題は、被害者の現在の①年齢、②活動、③被害者が困っていること、④性暴力被害を思い出した時の被害者の感情、⑤性暴力被害を思い出した時に被害者が考えていること、⑥対象者自身が今、被害者に対して思っていること、の6つである。

　シート20同様、被害者2名分（被害者1、被害者2）が用意されているが、被害者が3名以上の場合は対象とする被害者を選択し特定する。前述の通り、被害をまとめることや代表させることはしない。シート20と被害者を合わせたほうが効果的であろう。

　対象者は被害を与えた時点から現在への時間経過を想像し、被害者が現在直面する困難を手がかりにして、被害者のなかで変化したことや変化しなかったことを考える。シート20同様、対象者がそう考えた理由や根拠を確認することが必要である。

　⑥では対象者が現在、何を考えているか、どう思っているかを求めているが、必ずしも謝罪や弁済のみを想定しているわけではない。その責任も含め今後に対するとらえ方や姿勢が重要である。

　シート7～16のトラウマ症状や4つの架空事例の学習を受けて、前半に実施したシート5に加えてさまざまな表現が期待される。被害者への手紙を書くシート22の準備でもあり、これまでのまとめという側面も持っている。

　シート20、21においては以下の4点が重要である。

- 被害者の感情や思考を考える手がかりの見落としはなかったか。
- 認知の歪み／考えかたエラーなどによる手がかりの解釈に誤りはなかったか。
- 自己の視点だけにとどまらず被害者など他者に視点を移したとらえ方ができたか。
- 想像あるいは推測した被害者の感情や思考に対して、自分の内側に

わきあがった感情や思考に気づいたか。

　対象者が性暴力被害を考える時、視点を被害者に移すこと、さらに被害者の家族、友人や知人、一般社会など複数の視点に移動させることも共感的理解への接近に重要である。さらに被害者が被害を受けた時点から現在までの時間経過を考え、被害者にもたらした問題の長期化や変化を考えることも対象者には必要である。

　このワークを通じて、対象者がさまざまに気づいたことを振り返り、なぜ性暴力の実行時にそう考えなかったのかと思うこともある。被害者の反応に対して対象者が自分の内側に生じたサインや感情の変化に気づく、つまり自分をモニターすることは自己コントロールにつながる重要なポイントである。シート20、21は対象者の対人関係スキルの点検とその結果に対する修正を行う心理教育であり、これからの対象者の対人関係の質を高める転換点ともなりうる。

シート22　わたしの被害者へつたえること

　被害者に伝えることを自由に記述する。被害者に対するこれまでの学習を踏まえて、加害者としての被害者への感情や考えをまとめる。

　まとまった文章を書き上げることが困難な対象者には、例えば『フットプリント第2版』のステップ13「被害者と共感」の宿題13C「被害者への手紙」として取り上げられているので、その手順の活用も考えられる。なお、完成した手紙を被害者に送りたいと希望する対象者がいるかもしれないが、手紙の具体的な扱いについては慎重の上にも慎重さが求められる。

シート23　わたしの家族のこと (1)

　シート23、24は、対象者自身の家族について取り上げた。シート23は、対象者の家族が感じている対象者への思いや希望を想像する。

シート24　わたしの家族のこと (2)

　シート24は、逆に対象者からの自分自身の家族に対する思いや希望を書く。あわせて、被害者家族への思いも表現する。

性暴力を行ったことで、直接の被害者だけではなく、自分の家族や友人など親しい人に与えた影響についても理解するためのシートである。自分の家族は自分の性暴力についてどう思っているか、対象者にとっては家族の視点を取得するのは比較的容易である。対象者によっては、混乱し動揺する家族への思いを通じて自然に謝罪や反省へとつながることがあり、家族は対象者にとってよき指導者となることがある。

しかしながら、家族との関係に課題がある場合、指導において家族の存在が逆効果となる場合もある。また家族がいない人や家族に対する複雑感情などがあってもそれにまだ気づいていない対象者もいる。家族関係のアセスメントをもとに内容を吟味しながら慎重に取り扱う必要がある。

シート25　ワークの復習

ワークは、対象者が性暴力をしない、性暴力を必要としない対人関係を作り、維持するためにはどうすればよいのか、対象者自身が考えていくための動機づけになるだけでなく、学習した正しい思考や良いタッチなどを実践する意欲につながるものでもある。

同時に、このプロセスでは自己コントロールに不可欠な自分の思考や感情に対する自己モニター力の向上を図り、さらに共感的理解への接近によって対象者の対人関係の質的変化をも期待できる。

シート26　ワークの感想

ワークの内容を振り返り確認する。

第5章

『性暴力被害とわたしの被害者を理解するワークブック』

第5章 『性暴力被害とわたしの被害者を理解するワークブック』

性暴力被害と
わたしの被害者を理解するワークブック

なまえ＿＿＿＿＿＿＿＿＿＿＿＿＿＿＿＿＿＿＿＿

このワークをはじめた日＿＿＿＿＿＿＿＿＿＿

Copyright© 2015 ASB 研究会 Study Group on Antisocial Behaviors

もくじ

1. ワークの目的
2. 性暴力とは
3. 性暴力の被害者 (1)
4. 性暴力の被害者 (2)
5. 性暴力の被害者 (3)
6. トラウマとは
7. ストレスをかんじたときの〈からだの調子〉〈気もち〉〈考えかた〉〈行動〉
8. 性暴力をうけたあとにおこる問題（トラウマ症状の例）
9. Aさんの場合
10. Aさんは被害のためにたいへんこまっています
11. Bちゃんの場合
12. Bちゃんは被害者なのに、自分がわるいとおもいました
13. Cさんの場合
14. Cさんは登校や外出ができなくなりました
15. Dさんの場合
16. Dさんはお酒にたよってしまい、会社をやめました
17. リラックスしましょう
18. わたしの被害者 (1)
19. わたしの被害者 (2)
20. わたしの被害者の気もちの理解 (1)
21. わたしの被害者の気もちの理解 (2)
22. わたしの被害者へつたえること
23. わたしの家族のこと (1)
24. わたしの家族のこと (2)
25. ワークの復習
26. ワークの感想

Copyright© 2015 ASB 研究会 Study Group on Antisocial Behaviors

シート1　　第5章　『性暴力被害とわたしの被害者を理解するワークブック』

1. ワークの目的

あなたは性暴力をして、被害者をだしました。
このワークは、どんな被害を被害者にあたえたかを学習し、被害者にたいする自分の気もちや考えをしるためのものです。
二度と性暴力をしないためにも、被害者について学習しましょう。

〈ワークでとりくむ内容〉
(1) 自分の性暴力を理解する
(2) 自分の行動のために、きずつき、こまっている人の気もちや生活のようすを理解する。
(3) 被害者にたいする、自分の気もちや考えについて、考える。

2. 性暴力とは

　性暴力とは、相手の許可や同意がないのに、むりやり性的なことをしたり、いったりすることです。『フットプリント』では、「わるいタッチ」、「まちがったタッチ」とよびます。

〈例〉
- むりやり性行為をする。
- プライベートゾーンをさわったり、見たり、なめたりする。
- 自分のプライベートゾーンをさわらせたり、見せたり、なめさせたりする。
- マスターベーションや性行為を見せたり、やらせたりする。
- 風呂、きがえ、トイレをのぞく。
- みんなのまえで性的なことばをいう。
- だれかの下着をぬすむ。

シート3　　　　　　　　第5章　『性暴力被害とわたしの被害者を理解するワークブック』

3. 性暴力の被害者（1）

あなたの性暴力の内容とその相手をかきなさい。
『フットプリント』のステップ4「わたしの歴史」がおわっていたら、宿題4Fから宿題41をみて、かいてもいいです。

〈例〉　わたしは、<u>公園のトイレで、パンツをぬがせ、プライベートゾーンをさわった。</u>
　　　だれに？　<u>となりにすんでいる　5さいの女の子。</u>

1. わたしは、_____
   _____。
   だれに？_____。

2. わたしは、_____
   _____。
   だれに？_____。

3. わたしは、_____
   _____。
   だれに？_____。

4. わたしは、_____
   _____。
   だれに？_____。

Copyright© 2015 ASB 研究会　Study Group on Antisocial Behaviors

> シート4

4. 性暴力の被害者(2)

あなたが性暴力をした相手の人を「被害者」といいます。被害者のことを考えてみましょう。

1. 被害者について
①あなたが性暴力をしたとき、あなたの被害者はどんな気もちだったと思いますか。かきなさい。
_____
_____。

②そのように考えた理由をかきなさい。_____
_____。

2. 被害者について
①あなたが性暴力をしたとき、あなたの被害者はどんな気もちだったと思いますか。かきなさい。
_____
_____。

②そのように考えた理由をかきなさい。_____
_____。

3. 被害者について
①あなたが性暴力をしたとき、あなたの被害者はどんな気もちだったと思いますか。かきなさい。
_____
_____。

②そのように考えた理由をかきなさい。_____
_____。

5. 性暴力の被害者 (3)

　性暴力をうけると、被害者のからだはきずつき、ショックをうけます。性暴力をうけるまえと　おなじように生活できなくなることがあります。

1. あなたが性暴力をしたとき、あなたの被害者のからだは、どのようにきずついたでしょうか。かきなさい。
___
_____。

2. あなたの被害者は、いま、どんな気もちだとおもいますか。かきなさい。
___
_____。

3. あなたが性暴力をしたあと、あなたの被害者がそれまでとおなじように生活できなくなったと思うことがあれば、かきなさい。
___
_____。

6. トラウマとは

　トラウマとは、命にかかわるような、たいへん　おそろしい体験をしたときにおこる「心のきず」です。
　性暴力は、被害者にとって、たいへん　おそろしい体験です。はげしいストレスをかんじたり、ストレスがたまると、トラウマ（心のきず）となることがあります。
　はげしいストレスを感じたとき、あなたの体は、どのようになると思いますか。あなたは、どんな気もちになりますか。あなたは、どんなことを考えますか。あなたは、どんな行動をするでしょうか。
　ストレスを感じたときの、じぶんの〈からだの調子〉〈気もち〉〈考えかた〉〈行動〉について考えてみましょう。つぎのページに書きましょう。

7. ストレスをかんじたときの
〈からだの調子〉〈気もち〉〈考えかた〉〈行動〉

　まんなかに自分の絵をかきます。ギザギザのなかにストレスをかんじるできごとをかきます。ストレスをかんじると〈からだの調子〉〈気もち〉〈考えかた〉〈行動〉はどのようになるでしょうか。○の中にかきましょう。

8. 性暴力をうけたあとにおこる問題 （トラウマ症状の例）

〈考え方がかわる〉
じしんをうしなう・だれも信用できない・わたしは　けがれていると思う
被害をだれにもいってはいけないと思いこむ・自分がわるかったと思う

〈行動がかわる〉
ひきこもり・登校できない
仕事がつづけられない
お酒をのみすぎる・薬物いぞん
自傷・パニック
危険な場所にいく
友だちや恋人ができない
けんかがふえる

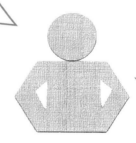

〈気もちがかわる〉
いつもこわい・不安
すぐにおどろく
すぐにイライラする
すぐに興奮する
いつもドキドキする
ゆううつになる
落ちこむ・気分のムラがはげしい

〈からだの調子がわるくなる〉
腹痛・頭痛・かんせつ痛・すいみん障害・きゅうに動けなくなる・いたみを感じない・ものわすれがひどい・性感染症・不妊症 など

シート9

第5章 『性暴力被害とわたしの被害者を理解するワークブック』

このページからは、性暴力をうけた人の話が書いてあります。読みましょう。

9．Aさんの場合

　Aさんは25さいの女性で事務の仕事をしています。

　5さいのころ、公園であそんでいたとき、性暴力にあいました。中学生の男の子に公園のトイレにつれていかれ、パンツをぬがされ、プライベートゾーンをさわられました。その子の性器をなめるようにいわれ、そのとおりにしました。「だれかにいったら殺すぞ」といわれて、とてもこわくて、だれにもいいませんでした。

　その後、へんなことがおこるようになりました。ぼーっとして、気がつくとながいじかんが　たっていました。また、こわい夢をみることがふえました。小学校にいっても、勉強に集中することができませんでした。

　大人になって仕事はがんばっていますが、じしんがなく、みんなのまえで話ができません。友だちもいないので、やすみの日もひとりですごします。とくに男性と話をするのがにがてで、恋人もなかなかできません。いまでも、5さいのころの性暴力を思いだして、息がくるしくなり、気ぶんがわるくなります。

10. Aさんは被害のためにたいへんこまっています

　Aさんは、5さいのときの性暴力の被害のために、25さいのいまも　なやんでいます。「殺すぞ」とおどされたので、だれにも相談できませんでした。

　たくさんのトラウマ症状になやみました。ぼーっとして、しらないあいだにじかんがたって、自分のからだが自分のものではないみたいにかんじました。このような状態を「解離」といいます。からだが動かなくなる「まひ」もあります。気ぶんがかわりやすく、集中力もつづかなくなり、勉強や仕事がうまくできません。

　なにをしてもうまくいかず、ほめてもらえません。自分にじしんが　もてなくなりました。

　たった1回の性暴力から、たくさんの症状がおこります。性格をかえたり、被害者の生活におおきな影響をあたえます。

11. Bちゃんの場合

　Bちゃんは、小学校1年生の女の子です。おかあさんが仕事でるすのあいだ、お兄ちゃんとふたりでるす番をします。

　ある日、お兄ちゃんがおもしろいあそびをしようといいました。Bちゃんのパンツのなかに手をいれて、Bちゃんの性器をさわり、指をいれました。そのあと、お兄ちゃんは「ひみつのあそびだから、ぜったい、おかあさんにはいってはダメ。」とにらみつけました。

　Bちゃんは、性器がいたく、気もちもわるくなりました。おふろにはいって、なんどもなんども性器をあらいました。そのようすをみて、おかあさんが「どうしたの。」とききました。「いってはダメ」といわれていたけれど、Bちゃんはおかあさんに話しました。おかあさんはびっくりして、お兄ちゃんをきびしく怒りました。

　その後、Bちゃんは、おかあさんから、お兄ちゃんはどこか遠いところへいったとききました。Bちゃんはお兄ちゃんとはなれてしまい、さみしくなりました。お兄ちゃんがしたことを、おかあさんにいってしまったために、お兄ちゃんがどこかへいってしまったのではないかと思い、とてもこうかいしています。

12. Ｂちゃんは被害者なのに、自分がわるいとおもいました

　Ｂちゃんは、大すきなお兄ちゃんから性暴力をうけました。
　自分が信頼していた人、家族、すきな先ぱい、友だちから被害をうけるのは、とてもいやなことです。性暴力はいやだし、しっている人からうらぎられるのはもっといやで、ショックです。
　Ｂちゃんは、お兄ちゃんが遠くへいったのは、自分のせいだと思いました。被害をうけたことをおかあさんに話してしまったからです。わるいのは自分だと思っています。
　Ｂちゃんは被害を、おかあさんにきちんと話すことができました。それは、とてもよいことです。わるいのは被害者ではありません。

13. Cさんの場合

　Cさんは、高校1年生です。
　高校生活にもなれたころ、通学の電車で痴かんにあいました。満員電車で、なんどもおしりをさわられました。いやだったので、つぎの日からのる場所をかえました。しばらくすると、またさわってくる人がいます。こんどは、おしりだけではなく胸もさわられるようになりました。
　Cさんは、だれかが自分をねらっていると思い、こわくなりました。友だちに協力してもらって駅員にしらせ、警察が犯人を逮捕しました。
　犯人が逮捕されたので、あんしんなはずですが、Cさんは電車にのるのがこわくてたまりません。ちかくに人がいなくても、痴かんにさわられているようにかんじて、からだがうごかなくなりました。人がおおぜいいるところでは、また被害にあうのではないかと思い、こわくて学校やかいものに、でかけることができなくなりました。

14. Cさんは登校や外出ができなくなりました

　Cさんは、たのしい高校生活をおくっていました。ところが、通学の電車のなかで痴かんの被害にあいました。そのために、電車にのることができなくなりました。外出もできず、高校にもいけなくなりました。

　Cさんは、電車にのろうとするとき、いま痴かんにおそわれているようにかんじることがあります。過去のおそろしい出来事が、いまおこっているかのようにかんじることを「フラッシュバック」といいます。いつもの生活で、おそろしいできごとをふたたび体験することは、とてもこわいことです。いままでのような安全であんしんできる生活ができません。

　たった1回の被害であっても、ずっとなやむ被害者もいます。

15．Dさんの場合

　Dさんは30さいの男性です。
　小学生のころ、友だちからいじめられていました。はじめは仲間はずれにされたり、いやなことをいわれるだけでしたが、だんだんひどくなりました。トイレで　はだかにされて、むりやりマスターベーションをさせられました。相手にいやだといえませんでした。
　そのときのことを思いだすと、いまでもはげしい怒りをかんじます。自分がいやになります。だから、そのことを話すのもいやです。そんなときは、お酒をのみます。よっぱらうといやな気もちをわすれて、らくになりました。お酒はやめられません。
　お酒をのんだつぎの日は会社に遅こくしました。注意されて、給りょうもへりました。だんだん仕事のやる気もなくなって、会社をやめました。これからどうすればよいかが、わからなくなりました。

16. Dさんはお酒にたよってしまい、会社をやめました

　Dさんのように、男性も性暴力の被害者になることがあります。ちいさいころの被害をだれにもいえず、なやみつづける男性もたくさんいます。

　被害をうけた人は、はげしい怒りをかんじます。また、なにをしても失敗するという気もち、ひとりぼっちだという気もち、をかんじます。ほかにもあるかもしれません。こうした気もちをそのままにしておくことは、よくないことです。そのために暴力をふるうことがあります。いやな気もちをわすれるために、お酒や禁止された薬物がほしくなります。
　問題をおこし、仕事をうしない、生活ができなくなることがあります。

17. リラックスしましょう

　トラウマをうけたあとにおこる問題や、性暴力をうけた人の話をよむのは、たいへんなことです。すこしリラックスしましょう。
　深呼吸やストレッチをしてリラックスできます。すきな絵や写真をみるのもよいでしょう。

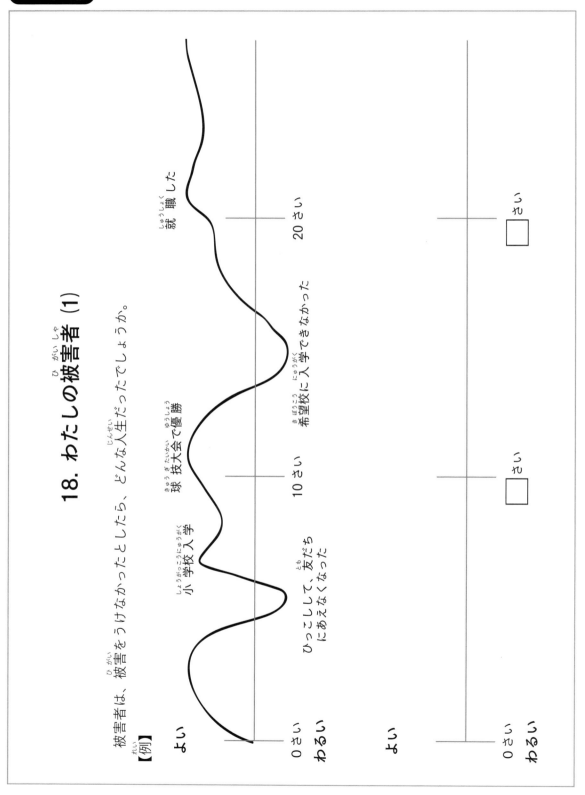

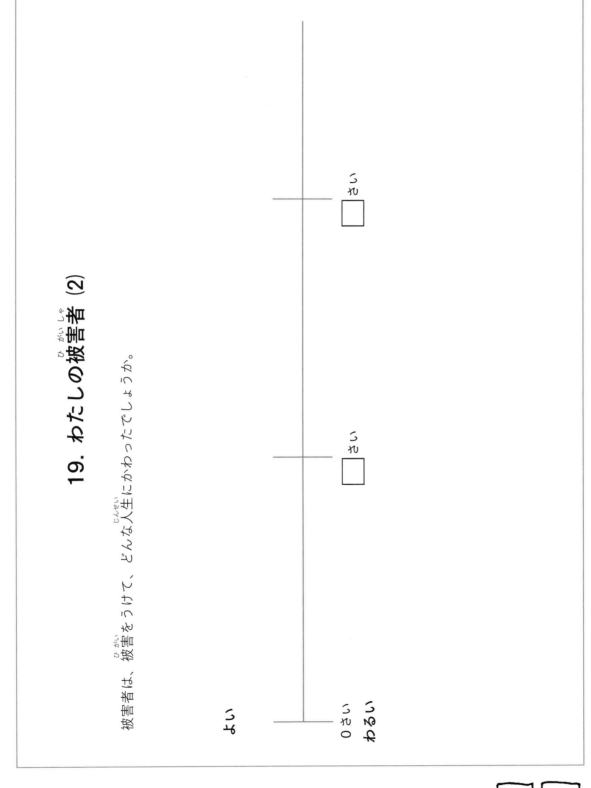

20. わたしの被害者の気もちの理解 (1)

　もういちど、被害をうけたときのあなたの被害者のことを考えましょう。2人の被害者についてです。

　被害者について、①〔性暴力の内容〕、②〔被害者〕をかきます。つぎに、③〔被害者のようす〕を思いだしてかきます。

　ここが大切です。③を手がかりにして、④〔被害者の気もち〕と⑤〔被害者の考え〕をかきます。

　③、④、⑤は被害者1人について3回かきなさい。①、②はおなじなので、くりかえしません。

1－1. 被害者1人目について
①あなたは、どんな性暴力をしましたか。
　わたしは、＿＿＿＿＿＿＿＿＿＿＿＿＿＿＿＿＿＿＿＿＿＿＿＿＿をしました。
②だれに、性暴力をしましたか。
　わたしの被害者は、＿＿＿＿＿＿＿＿＿＿＿＿＿＿＿＿＿＿＿＿＿＿＿です。

　被害者1人目について、③、④、⑤をかきなさい。③、④、⑤は1－1、1－2、1－3の3回かきなさい。

1－1. 被害者1人目について（1回目）
③被害をうけたとき、あなたの被害者のようすで、あなたがみたことやきいたことをかきなさい。
　被害をうけたとき、わたしの被害者は＿＿＿＿＿＿＿＿＿＿＿＿＿＿＿＿
＿＿＿＿＿＿＿＿＿＿＿＿＿＿＿＿＿＿＿＿＿＿＿＿＿＿＿＿＿＿＿＿＿。
④被害をうけたときのようすから、あなたの被害者はどんな気もちだったと思いますか。
　被害をうけたとき、わたしの被害者は＿＿＿＿＿＿＿＿＿＿＿＿＿＿＿＿
＿＿＿＿＿＿＿＿＿＿＿＿＿＿＿＿＿＿＿＿＿＿＿＿＿＿＿＿＿＿＿＿＿。

そのように考えた理由をかきなさい。＿＿＿＿＿＿＿＿＿＿＿＿＿＿＿＿＿＿
＿＿＿＿＿＿＿＿＿＿＿＿＿＿＿＿＿＿＿＿＿＿＿＿＿＿＿＿＿＿＿＿＿＿＿。

⑤被害をうけたときのようすから、あなたの被害者は、どんなことを考えていたと思いますか。

　　被害をうけたとき、わたしの被害者は＿＿＿＿＿＿＿＿＿＿＿＿＿＿＿＿
＿＿＿＿＿＿＿＿＿＿＿＿＿＿＿＿＿＿＿＿＿＿＿＿＿＿＿＿＿＿＿＿＿＿＿。

　　そのように考えた理由をかきなさい。＿＿＿＿＿＿＿＿＿＿＿＿＿＿＿＿
＿＿＿＿＿＿＿＿＿＿＿＿＿＿＿＿＿＿＿＿＿＿＿＿＿＿＿＿＿＿＿＿＿＿＿。

1－2. 被害者1人目について（2回目）

③被害をうけたとき、あなたの被害者のようすで、あなたがみたことやきいたことをかきなさい。

　　被害をうけたとき、わたしの被害者は＿＿＿＿＿＿＿＿＿＿＿＿＿＿＿＿
＿＿＿＿＿＿＿＿＿＿＿＿＿＿＿＿＿＿＿＿＿＿＿＿＿＿＿＿＿＿＿＿＿＿＿。

④被害をうけたときのようすから、あなたの被害者はどんな気もちだったと思いますか。

　　被害をうけたとき、わたしの被害者は＿＿＿＿＿＿＿＿＿＿＿＿＿＿＿＿
＿＿＿＿＿＿＿＿＿＿＿＿＿＿＿＿＿＿＿＿＿＿＿＿＿＿＿＿＿＿＿＿＿＿＿。

　　そのように考えた理由をかきなさい。＿＿＿＿＿＿＿＿＿＿＿＿＿＿＿＿
＿＿＿＿＿＿＿＿＿＿＿＿＿＿＿＿＿＿＿＿＿＿＿＿＿＿＿＿＿＿＿＿＿＿＿。

⑤被害をうけたときのようすから、あなたの被害者は、どんなことを考えていたと思いますか。

　　被害をうけたとき、わたしの被害者は＿＿＿＿＿＿＿＿＿＿＿＿＿＿＿＿
＿＿＿＿＿＿＿＿＿＿＿＿＿＿＿＿＿＿＿＿＿＿＿＿＿＿＿＿＿＿＿＿＿＿＿。

　　そのように考えた理由をかきなさい。＿＿＿＿＿＿＿＿＿＿＿＿＿＿＿＿
＿＿＿＿＿＿＿＿＿＿＿＿＿＿＿＿＿＿＿＿＿＿＿＿＿＿＿＿＿＿＿＿＿＿＿。

1－3. 被害者1人目について（3回目）

③被害をうけたとき、あなたの被害者のようすで、あなたがみたことやきいたことをかきなさい。

被害をうけたとき、わたしの被害者は＿＿＿＿＿＿＿＿＿＿＿＿＿＿＿＿＿＿＿
＿＿＿＿＿＿＿＿＿＿＿＿＿＿＿＿＿＿＿＿＿＿＿＿＿＿＿＿＿＿＿＿＿＿＿＿＿。

④被害をうけたときのようすから、あなたの被害者はどんな気もちだったと思いますか。

　　被害をうけたとき、わたしの被害者は＿＿＿＿＿＿＿＿＿＿＿＿＿＿＿＿＿＿＿
＿＿＿＿＿＿＿＿＿＿＿＿＿＿＿＿＿＿＿＿＿＿＿＿＿＿＿＿＿＿＿＿＿＿＿＿＿。

　　そのように考えた理由をかきなさい。＿＿＿＿＿＿＿＿＿＿＿＿＿＿＿＿＿＿＿
＿＿＿＿＿＿＿＿＿＿＿＿＿＿＿＿＿＿＿＿＿＿＿＿＿＿＿＿＿＿＿＿＿＿＿＿＿。

⑤被害をうけたときのようすから、あなたの被害者は、どんなことを考えていたと思いますか。

　　被害をうけたとき、わたしの被害者は＿＿＿＿＿＿＿＿＿＿＿＿＿＿＿＿＿＿＿
＿＿＿＿＿＿＿＿＿＿＿＿＿＿＿＿＿＿＿＿＿＿＿＿＿＿＿＿＿＿＿＿＿＿＿＿＿。

　　そのように考えた理由をかきなさい。＿＿＿＿＿＿＿＿＿＿＿＿＿＿＿＿＿＿＿
＿＿＿＿＿＿＿＿＿＿＿＿＿＿＿＿＿＿＿＿＿＿＿＿＿＿＿＿＿＿＿＿＿＿＿＿＿。

２－１．被害者２人目について
①あなたは、どんな性暴力をしましたか。

　　わたしは、＿＿＿＿＿＿＿＿＿＿＿＿＿＿＿＿＿＿＿＿＿＿＿＿＿をしました。

②だれに、性暴力をしましたか。

　　わたしの被害者は、＿＿＿＿＿＿＿＿＿＿＿＿＿＿＿＿＿＿＿＿＿＿＿です。

　　被害者２人目について、③、④、⑤をかきなさい。③、④、⑤は２－１、２－２、２－３の３回かきなさい。

２－１．被害者２人目について（１回目）

③被害をうけたとき、あなたの被害者のようすで、あなたがみたことやきいたことをかきなさい。

　　被害をうけたとき、わたしの被害者は＿＿＿＿＿＿＿＿＿＿＿＿＿＿＿＿＿＿＿
＿＿＿＿＿＿＿＿＿＿＿＿＿＿＿＿＿＿＿＿＿＿＿＿＿＿＿＿＿＿＿＿＿＿＿＿＿。

④被害をうけたときのようすから、あなたの被害者はどんな気もちだったと思い

ますか。

　被害をうけたとき、わたしの被害者は＿＿＿＿＿＿＿＿＿＿＿＿＿＿＿＿＿＿＿＿

＿＿＿＿＿＿＿＿＿＿＿＿＿＿＿＿＿＿＿＿＿＿＿＿＿＿＿＿＿＿＿＿＿＿＿＿＿。

　そのように考えた理由をかきなさい。＿＿＿＿＿＿＿＿＿＿＿＿＿＿＿＿＿＿＿

＿＿＿＿＿＿＿＿＿＿＿＿＿＿＿＿＿＿＿＿＿＿＿＿＿＿＿＿＿＿＿＿＿＿＿＿＿。

⑤被害をうけたときのようすから、あなたの被害者は、どんなことを考えていたと思いますか。

　被害をうけたとき、わたしの被害者は＿＿＿＿＿＿＿＿＿＿＿＿＿＿＿＿＿＿＿

＿＿＿＿＿＿＿＿＿＿＿＿＿＿＿＿＿＿＿＿＿＿＿＿＿＿＿＿＿＿＿＿＿＿＿＿＿。

　そのように考えた理由をかきなさい。＿＿＿＿＿＿＿＿＿＿＿＿＿＿＿＿＿＿＿

＿＿＿＿＿＿＿＿＿＿＿＿＿＿＿＿＿＿＿＿＿＿＿＿＿＿＿＿＿＿＿＿＿＿＿＿＿。

2－2．被害者2人目について（2回目）

③被害をうけたとき、あなたの被害者のようすで、あなたがみたことやきいたことをかきなさい。

　被害をうけたとき、わたしの被害者は＿＿＿＿＿＿＿＿＿＿＿＿＿＿＿＿＿＿＿

＿＿＿＿＿＿＿＿＿＿＿＿＿＿＿＿＿＿＿＿＿＿＿＿＿＿＿＿＿＿＿＿＿＿＿＿＿。

④被害をうけたときのようすから、あなたの被害者はどんな気もちだったと思いますか。

　被害をうけたとき、わたしの被害者は＿＿＿＿＿＿＿＿＿＿＿＿＿＿＿＿＿＿＿

＿＿＿＿＿＿＿＿＿＿＿＿＿＿＿＿＿＿＿＿＿＿＿＿＿＿＿＿＿＿＿＿＿＿＿＿＿。

　そのように考えた理由をかきなさい。＿＿＿＿＿＿＿＿＿＿＿＿＿＿＿＿＿＿＿

＿＿＿＿＿＿＿＿＿＿＿＿＿＿＿＿＿＿＿＿＿＿＿＿＿＿＿＿＿＿＿＿＿＿＿＿＿。

⑤被害をうけたときのようすから、あなたの被害者は、どんなことを考えていたと思いますか。

　被害をうけたとき、わたしの被害者は＿＿＿＿＿＿＿＿＿＿＿＿＿＿＿＿＿＿＿

＿＿＿＿＿＿＿＿＿＿＿＿＿＿＿＿＿＿＿＿＿＿＿＿＿＿＿＿＿＿＿＿＿＿＿＿＿。

　そのように考えた理由をかきなさい。＿＿＿＿＿＿＿＿＿＿＿＿＿＿＿＿＿＿＿

＿＿＿＿＿＿＿＿＿＿＿＿＿＿＿＿＿＿＿＿＿＿＿＿＿＿＿＿＿＿＿＿＿＿＿＿＿。

2－3. 被害者2人目について（3回目）

③被害をうけたとき、あなたの被害者のようすで、あなたがみたことやきいたことをかきなさい。

　　被害をうけたとき、わたしの被害者は＿＿＿＿＿＿＿＿＿＿＿＿＿＿＿＿＿＿＿

＿＿＿＿＿＿＿＿＿＿＿＿＿＿＿＿＿＿＿＿＿＿＿＿＿＿＿＿＿＿＿＿＿＿＿＿＿＿。

④被害をうけたときのようすから、あなたの被害者はどんな気もちだったと思いますか。

　　被害をうけたとき、わたしの被害者は＿＿＿＿＿＿＿＿＿＿＿＿＿＿＿＿＿＿＿

＿＿＿＿＿＿＿＿＿＿＿＿＿＿＿＿＿＿＿＿＿＿＿＿＿＿＿＿＿＿＿＿＿＿＿＿＿＿。

　　そのように考えた理由をかきなさい。＿＿＿＿＿＿＿＿＿＿＿＿＿＿＿＿＿＿＿

＿＿＿＿＿＿＿＿＿＿＿＿＿＿＿＿＿＿＿＿＿＿＿＿＿＿＿＿＿＿＿＿＿＿＿＿＿＿。

⑤被害をうけたときのようすから、あなたの被害者は、どんなことを考えていたと思いますか。

　　被害をうけたとき、わたしの被害者は＿＿＿＿＿＿＿＿＿＿＿＿＿＿＿＿＿＿＿

＿＿＿＿＿＿＿＿＿＿＿＿＿＿＿＿＿＿＿＿＿＿＿＿＿＿＿＿＿＿＿＿＿＿＿＿＿＿。

　　そのように考えた理由をかきなさい。＿＿＿＿＿＿＿＿＿＿＿＿＿＿＿＿＿＿＿

＿＿＿＿＿＿＿＿＿＿＿＿＿＿＿＿＿＿＿＿＿＿＿＿＿＿＿＿＿＿＿＿＿＿＿＿＿＿。

21. わたしの被害者の気もちの理解 (2)

　あなたの被害者が、いま、被害のことをどのように考え、どのような気もちをかんじているかを、考えましょう。2人の被害者についてです。

　被害者について、①〔いまの年齢〕、②〔いま、かよっている　ところ〕をかきます。つぎに、③〔被害者が、いま、こまっていること〕、④〔被害者が、いま、かんじていること〕、⑤〔被害者が、いま、考えていること〕をかきます。最後に⑥〔あなたが、被害者にたいして、いま、思っていること〕をかきなさい。

　③、④、⑤、⑥は被害者1人について3回かきなさい。①、②はおなじなので、くりかえしません。

1. 被害者1人目について
①わたしの被害者は、いま、_____さいくらいです。
②わたしの被害者は、いま、_____をしています。

　被害者1人目について、③、④、⑤、⑥をかきなさい。③、④、⑤、⑥は3回かきます。
③わたしの被害者が、いま、こまっていることは、_____
_____。
③わたしの被害者が、いま、こまっていることは、_____
_____。
③わたしの被害者が、いま、こまっていることは、_____
_____。

④被害のことを思いだして、わたしの被害者が、いま、かんじている気もちは、
_____。
④被害のことを思いだして、わたしの被害者が、いま、かんじている気もちは、
_____。

④被害のことを思いだして、わたしの被害者が、いま、かんじている気もちは、_____
_____。

⑤被害のことを思いだして、わたしの被害者が、いま、考えていることは、_____
_____。
⑤被害のことを思いだして、わたしの被害者が、いま、考えていることは、_____
_____。
⑤被害のことを思いだして、わたしの被害者が、いま、考えていることは、_____
_____。

⑥わたしは、わたしの被害者にたいして、いま_____
_____と思っています。
⑥わたしは、わたしの被害者にたいして、いま_____
_____と思っています。
⑥わたしは、わたしの被害者にたいして、いま_____
_____と思っています。

2. 被害者2人目について
①わたしの被害者は、いま、_____さいくらいです。
②わたしの被害者は、いま、_____をしています。

　被害者2人目について、③、④、⑤、⑥をかきなさい。③、④、⑤、⑥は3回かきます。
③わたしの被害者が、いま、こまっていることは、_____
_____。
③わたしの被害者が、いま、こまっていることは、_____
_____。
③わたしの被害者が、いま、こまっていることは、_____
_____。

④被害のことを思いだして、わたしの被害者が、いま、かんじている気もちは、
＿＿＿＿＿＿＿＿＿＿＿＿＿＿＿＿＿＿＿＿＿＿＿＿＿＿＿＿＿＿＿＿＿＿＿＿＿＿。

④被害のことを思いだして、わたしの被害者が、いま、かんじている気もちは、
＿＿＿＿＿＿＿＿＿＿＿＿＿＿＿＿＿＿＿＿＿＿＿＿＿＿＿＿＿＿＿＿＿＿＿＿＿＿。

④被害のことを思いだして、わたしの被害者が、いま、かんじている気もちは、
＿＿＿＿＿＿＿＿＿＿＿＿＿＿＿＿＿＿＿＿＿＿＿＿＿＿＿＿＿＿＿＿＿＿＿＿＿＿

⑤被害のことを思いだして、わたしの被害者が、いま、考えていることは、＿＿＿
＿＿＿＿＿＿＿＿＿＿＿＿＿＿＿＿＿＿＿＿＿＿＿＿＿＿＿＿＿＿＿＿＿＿＿＿＿＿。

⑤被害のことを思いだして、わたしの被害者が、いま、考えていることは、＿＿＿
＿＿＿＿＿＿＿＿＿＿＿＿＿＿＿＿＿＿＿＿＿＿＿＿＿＿＿＿＿＿＿＿＿＿＿＿＿＿。

⑤被害のことを思いだして、わたしの被害者が、いま、考えていることは、＿＿＿
＿＿＿＿＿＿＿＿＿＿＿＿＿＿＿＿＿＿＿＿＿＿＿＿＿＿＿＿＿＿＿＿＿＿＿＿＿＿。

⑥わたしは、わたしの被害者にたいして、いま＿＿＿＿＿＿＿＿＿＿＿＿＿＿＿＿＿
＿＿＿＿＿＿＿＿＿＿＿＿＿＿＿＿＿＿＿＿＿＿＿＿＿＿＿と思っています。

⑥わたしは、わたしの被害者にたいして、いま＿＿＿＿＿＿＿＿＿＿＿＿＿＿＿＿＿
＿＿＿＿＿＿＿＿＿＿＿＿＿＿＿＿＿＿＿＿＿＿＿＿＿＿＿と思っています。

⑥わたしは、わたしの被害者にたいして、いま＿＿＿＿＿＿＿＿＿＿＿＿＿＿＿＿＿
＿＿＿＿＿＿＿＿＿＿＿＿＿＿＿＿＿＿＿＿＿＿＿＿＿＿＿と思っています。

22. わたしの被害者へつたえること

　あなたには、被害者につたえなければ　ならないことがあります。いま、あなたは、被害者にどのようなことを　つたえたいですか。したにかきましょう。
　『フットプリント』のステップ13「被害者と共感」の宿題13Cで、被害者への手紙をかいてもいいです。

シート23

23. わたしの家族のこと (1)

あなたの性暴力のことをきいて、あなたの家族は、怒ったり、かなしんだりしているかもしれません。あなたにいいたいことが、あるかもしれません。
家族はあなたにどんなことを、いいたいでしょうか。

① _____

_____。

② _____

_____。

③ _____

_____。

④ _____

_____。

24. わたしの家族(かぞく)のこと (2)

　性暴力(せいぼうりょく)をして、あなたは、おとうさん、おかあさん、きょうだいにたいしていろいろなことを思(おも)っているでしょう。いいたいことや、どうしていいのかわからないことが、あるかもしれません。性暴力をしたことについて、家族にいいたいこと、家族のことでこまっていることをかきなさい。

① _____
_____ 。

② _____
_____ 。

③ _____
_____ 。

④ _____
_____ 。

　あなたの被害者(ひがいしゃ)の家族も、おなじようになやみ、トラウマ(心のきず)をもつことがあります。あなたの被害者の家族に、いいたいことがあればかきなさい。

_____
_____

25. ワークの復習

　あなたは、『性暴力被害とわたしの被害者を理解するワークブック』で、いろいろなことを勉強しました。

　性暴力とは、相手の許可や同意がないのに、むりやり、性的なことをしたり、いったりすることです。

　性暴力の相手を「被害者」といいます。被害者は、からだはきずつき、ショックをうけ、生活がかわってしまいます。

　トラウマとは、命にかかわるような、たいへん　おそろしい体験をしたときにおこる「心のきず」です。性暴力のために、被害者はたいへんおそろしい体験をします。

　トラウマをうけたあと、これまでにはない気もちになる、からだの調子がわるくなる、考えがかわる、行動がかわる、など、いろいろな変化がおこります。

シート26　　　　　　　　　　　第5章　『性暴力被害とわたしの被害者を理解するワークブック』

26. ワークの感想

　『性暴力被害とわたしの被害者を理解するワークブック』はこれでおわりです。よくがんばりました。

　ワークをおえて、あなたの被害者について学習し、どのようなことを考えていますか？

①＿＿＿＿＿＿＿＿＿＿＿＿＿＿＿＿＿＿＿＿＿＿＿＿＿＿＿＿＿＿＿＿＿＿
＿＿＿＿＿＿＿＿＿＿＿＿＿＿＿＿＿＿＿＿＿＿＿＿＿＿＿＿＿＿＿＿＿＿。

②＿＿＿＿＿＿＿＿＿＿＿＿＿＿＿＿＿＿＿＿＿＿＿＿＿＿＿＿＿＿＿＿＿＿
＿＿＿＿＿＿＿＿＿＿＿＿＿＿＿＿＿＿＿＿＿＿＿＿＿＿＿＿＿＿＿＿＿＿。

③＿＿＿＿＿＿＿＿＿＿＿＿＿＿＿＿＿＿＿＿＿＿＿＿＿＿＿＿＿＿＿＿＿＿
＿＿＿＿＿＿＿＿＿＿＿＿＿＿＿＿＿＿＿＿＿＿＿＿＿＿＿＿＿＿＿＿＿＿。

④＿＿＿＿＿＿＿＿＿＿＿＿＿＿＿＿＿＿＿＿＿＿＿＿＿＿＿＿＿＿＿＿＿＿
＿＿＿＿＿＿＿＿＿＿＿＿＿＿＿＿＿＿＿＿＿＿＿＿＿＿＿＿＿＿＿＿＿＿。

Copyright© 2015 ASB 研究会　Study Group on Antisocial Behaviors

文　献

American Association on Intellectual and Developmental Disabilities : AAIDD Retrieved from http://aaidd.org/intellectualdisability/definition#.VNMUN0K9ewI (February 5, 2015)

American Psychiatric Association (2013). *Desk Reference to the Diagnostic Criteria from DSM-5®.* American Psychiatric Publishing. （日本精神神経学会［日本語版用語監修］、高橋三郎・大野裕［監訳］、染矢俊幸・神庭重信・尾崎紀夫・三村將・村井俊哉［訳］（2014）『DSM-5　精神疾患の分類と診断の手引き』医学書院）

Baron-Cohen, S., Leslie, A. M. & Frith, U. (1985). Does the autistic child have a "theory of mind ?". *Cognition,* 21, 37-46.

Blasingame, G. D. (2005). *Developmentally disabled persons with sexual behavior problems : Treatment・management・supervision.* 2nd ed. The Safer Society Press.

Cederborg, A-C., Gumpert, C. H., & Abad, G. L. (2009). *Att Intervjua Barn : Med Intellektuella och Neuropsykiatriskla Funktionshinder.*
（アン－クリスティン・セーデルボリ、クラーク・ヘンネル・グンペルト、グンヴォル・ラーション・アバド［著］、仲真紀子・山本恒雄［監訳］、リンデル佐藤良子［訳］（2014）『知的障害・発達障害のある子どもの面接ハンドブック――犯罪・虐待被害が疑われる子どもから話を聴く技術』明石書店）

藤岡淳子（2006）『性暴力の理解と治療教育』誠信書房

藤岡淳子（2014）『非行・犯罪心理臨床におけるグループの活用――治療教育の実践』誠信書房

Haaven, J. (2006a). The Evolution of the Old Me/New Me Model. In G. D. Blasingame. (Ed.), *Practical treatment strategies for persons with intellectual disabilities. Working with forensic clients with severe and sexual behavior problems.* Wood 'N' Barnes Publishing. 71-84.

Haaven, J. (2006b). Suggested Treatment Outline Using the Old Me/ New Me Model. In G. D. Blasingame (Ed.), *Practical treatment strategies for persons with intellectual disabilities. Working with forensic clients with severe and sexual behavior problems.* Wood 'N' Barnes Publishing. 85-114.

Hansen, K. (2006). Creative Cognitive Interventions for Self-Regulation. In G. D. Blasingame (Ed.), *Practical treatment strategies for persons with intellectual disabilities. Working with forensic clients with severe and sexual behavior problems.* Wood 'N' Barnes Publishing. 115-138.

Hansen, K. & Kahn, T. J. (2012). *Footprints: Steps to a Healthy Life.* Second Edition. Safer Society Foundation, Inc
（ハンセン，K・カーン，T.J.［著］、本多隆司・伊庭千惠［監訳］（2015）『性問題行動のある知的障害者のための16ステップ【第2版】――「フットプリント」心理教育ワークブック』明石書店）

Happé, G. H. F. (1991). The Autobiographical Writing of Three Asperger

Syndrome Adults : Problems of Interpretation and Implications of Theory. In U. Frith（Ed.）. *Autism and Asperger Syndrome.* Cambridge University Press.（ウタ・フリス［編著］、富田真紀［訳］（1996）『自閉症とアスペルガー症候群』東京書籍）

本多隆司（2011）「『フットプリント』による性暴力加害者への実践的介入の試み」『仏教福祉学』第 21 号、p.69-92.

本多隆司（2014）「『性暴力被害とわたしの被害者を理解するワーク』の改訂」『仏教福祉学』第 23 号、1-13.

本多隆司・伊庭千恵・隈部一彦（2013）「『性暴力被害とわたしの被害者を理解するワーク』の検討」日本発達障害学会　第 48 回研究大会

伊庭千恵・松澤知子・細田陽子・川口敦子・陳愛玲・隈部一彦・福嶋裕美・本多隆司（2007）「反社会的行動のある知的障害者への支援　その 2 ――被虐待体験との関連についての多元的な検討」日本心理臨床学会　第 26 回大会発表

伊庭千恵・姥敦子・隈部一彦・福嶋裕美・細田陽子・松澤知子・本多隆司（2012）「性暴力加害者に対する性暴力被害と被害者を理解するワークの検討――知的障害／発達障害児・者を対象に」日本心理臨床学会　第 31 回大会発表

川口敦子・松澤知子・細田陽子・陳愛玲・伊庭千恵・隈部一彦・福嶋裕美・本多隆司（2007）「反社会的行動のある知的障害者への支援　その 1 ――被虐待体験との関連性の検討」日本心理臨床学会　第 26 回大会発表

厚生労働省（2013）「福祉分野における個人情報保護に関する ガイドライン　平成 25 年 3 月
Retrieved from http://www.mhlw.go.jp/topics/bukyoku/seisaku/kojin/dl/250329fukusi.pdf（April 5, 2015）

隈部一彦・伊庭千恵・細田陽子・姥敦子・竹腰知子・福嶋裕美・本多隆司（2015）「性問題行動のある知的・発達障害者への心理学的支援の考察」日本心理臨床学会　第 34 回秋季大会発表

Laws, D. R., & Ward, T.（2011）. *Desistance From Sex Offending. Alternatives to throwing away the keys.* The Guilford Press.（D・リチャード・ローズ、トニー・ウオード［著］、津富宏・山本麻奈［監訳］（2014）『性犯罪からの離脱――「良き人生モデル」がひらく可能性』日本評論社）

前田正治・金吉晴（2012）『PTSD の伝え方――トラウマ臨床と心理教育』誠信書房

Marlatt, G. A., & Donovan, D. M.,（Eds）（2005）. *Relapse Prevention : Maintenance Strategies in the Treatment of Addictive Behaviors.* Second edition. The Guilford Press.（G・アラン・マーラット、デニス・M・ドノバン［編］、原田隆之［訳］（2011）『リラプス・プリベンション――依存症の新しい治療』日本評論社）

Marshall, L. E., & Marshall, W. L.（2014）. Self-Esteem, Empathy, and Relationship Skills Training. In M. S. Carich & S. E. Mussack（Eds.）*Handbook of sexual abuser assessment and treatment.* The SafereSociety Press. pp.177-192.

Miller, W. R., & Rollinick, S.（2002）. *Motivational Interviewing : Preparing People for Change.* Second Edition. The Guilford Press.
（ウイリアム・R・ミラー、ステフアン・ロルニック［著］、松島義博・後藤

恵［訳］（2007）『動機づけ面接法——基礎・実践編』星和書店）

Murphy, W. D., & Page, I. J. (2014). The Role of Cognitive Factors in Sexual Offending. In Mark S. Carich & S. E. Mussack（Eds.）*Handbook of sexual abuser assessment and treatment.* The SafereSociety Press. pp.151-175.

Mussack, S. (2006a). Understanding Sexual Development and Competence of Persons With Intellectual Disabilities. In G. D. Blasingame（Ed.）, *Practical treatment strategies for persons with intellectual disabilities. Working with forensic clients with severe and sexual behavior problems.* Wood 'N' Barnes Publishing. pp.43-54.

Mussack, S. (2006b). Clinical Techniques and Practical Strategies for Sexuality. In G. D. Blasingame（Ed.）, *Practical treatment strategies for persons with intellectual disabilities. Working with forensic clients with severe and sexual behavior problems.* Wood 'N' Barnes Publishing. pp.55-70.

奥平裕美・木村正孝・古曳牧人・高橋哲・栗栖素子・徳山孝之・井部文哉（2005）「共感性と他者意識」『中央研究所紀要』第15号、pp. 203-217. 財団法人矯正協会

大阪府例規集インターネット版
Retrieved from http://www.pref.osaka.lg.jp/houbun/reiki/index.html（October 11, 2014）

Rogers, C. R.(1959). A theory of therapy, personality, and interpersonal relationship, as developed in the client-centered framework. In Koch. S.(Ed.), *Psychology : A Study of Science III. Formulation of the Person and the Social Context.* New York: McGraw-Hill, pp. 184-256.（ロージャズC.R.［著］、伊東博［編訳］（1967）「クライエント中心療法の立場から発展したセラピィ、パースナリティおよび対人関係の理論」『ロージャズ全集第8巻　パースナリティ理論』岩崎学術出版社）

Purvis, M., Ward. T. & Willis, G. M. (2014). The Good Lives Model of Offender Rehabilitation. In M. S. Carich & S. E. Mussack（Eds.）*Handbook of sexual abuser assessment and treatment.* The SafereSociety Press. pp.193-220.

Ryan, G. (2010). Sexual abusive youth: Defining the problem and population. In G. Ryan, T. Leversee, & S. Lane.(Eds.) *Juvenile Sexual Offending: Cause, Consequences, and Correction.* 3rd edition. John Wiley & Sons. pp.3-8.

Ryan, G., Leversee, T. & Lane, S. (2010a). Integrating Theory and Method : Goal Oriented Treatment. In G. Ryan, T. Leversee, & S. Lane.(Eds.) *Juvenile Sexual Offending : Cause, Consequences, and Correction.* 3rd edition. John Wiley & Sons. pp.263-310.

Ryan, G., Leversee, T. & Lane, S. (2010b). Sexuality : The offense-Specific Component of Treatment. In G. Ryan, T. Leversee, & S. Lane.(Eds.) *Juvenile Sexual Offending: Cause, Consequences, and Correction.* 3rd edition. John Wiley & Sons. pp.311-343.

坂野雄二（1995）『認知行動療法』日本評論社

佐藤良彦・多田一・川邊譲・藤野京子・坂井勇・立石浩司・東山哲也（2009）「刑事施設教育における被害者の視点を取り入れた教育に関する研究（その2）」

『中央研究所紀要』第 20 号、pp.311-47、財団法人矯正協会

染田恵（2012）「犯罪者の社会内処遇における最善の実務を求めて――実証的根拠に基づく実践の定着、RNR モデルと GL モデルの相克を超えて」『更生保護研究』第 1 号、123-147.

田口真二・平伸二・池田稔・桐生正幸［編著］（2010）『性犯罪の行動科学――発生と再発の抑止に向けた学際的アプローチ』北大路書房

Ward, T.（2012）. The Rehabilitation of Offenders : Risk Management and Seeking Good Lives. 『更生保護研究』第 1 号、57-76.
（小長井賀與［監訳］「犯罪者の更生：再犯危険性の管理と善い人生の追求」『更生保護研究』第 1 号、77-95.）

WHO（2006）. Defining sexual health. Report of a technical consultation on sexual health. 28-31 January 2002 ,Geneva.
Retrieved from http://www.who.int/reproductivehealth/publications/sexual_health/defining_sexual_health.pdf（October 11, 2014）

八木修司・岡本正子［編著］（2012）『性的虐待を受けた子ども・性的問題行動を示す子どもへの支援――児童福祉施設における生活支援と心理・医学的ケア』明石書店

著者紹介

本多 隆司（ほんだ・たかし）

1978年大阪大学大学院人間科学研究科前期課程修了後、大阪府において心理職として児童相談所（現、子ども家庭センター）、身体障害者更生相談所を経て、障害者福祉や権利擁護等を担当。2005年より種智院大学、現在教授。著書に『高齢者の権利擁護』（分担執筆、ワールドプランニング、2004年）、『性問題行動のある知的障害者のための16ステップ【第2版】』（監訳、明石書店、2015年）、『反社会的行動のある子どものリスク・アセスメント・リスト』（監訳、明石書店、2012年）、『心理教育教材「キックスタート，トラウマを理解する」活用ガイド　問題行動のある知的・発達障害児者を支援する』（共著、2021年）等、他に性問題行動のある知的障害者等を対象に障害福祉施設、司法関連施設において心理支援活動を続け、それらをテーマとした論文、学会発表、講演や研修等。

伊庭 千惠（いば・ちえ）

2017年大阪教育大学大学院教育学研究科（健康科学専攻）修士課程修了。
1987年より大阪府心理職として、大阪府職業カウンセリングセンター、大阪府子ども家庭センター（児童相談所）、大阪府障害者自立相談支援センター（障害者更生相談所）等で児童、青年、障害者を対象に心理支援、福祉支援に28年間携わる。2016年よりライフデザイン・カウンセリングルームカウンセラー。臨床心理士。公認心理師。その他、大阪教育大学・立命館大学・桃山学院大学非常勤講師、矯正施設心理カウンセラー、性暴力被害者・自死遺族支援カウンセラー、支援学校カウンセラーなどに従事。自我状態療法国際認定セラピスト。EMDRトレーニング、TF-CBT（トラウマ焦点化認知行動療法）Introductory/Advanced Training修了。著書に『性的虐待を受けた子ども・性問題行動を示す子どもへの支援』（分担執筆、2012年）、『性問題行動のある知的障害者のための16ステップ──「フットプリント」心理教育ワークブック第2版』（監訳、2015年）、『学校でできる！性の問題行動へのケア　子どものワーク＆支援者のためのツール』（共著、2019年）、『心理教育教材「キックスタート，トラウマを理解する」活用ガイド　問題行動のある知的・発達障害児者を支援する』（共著、2021年）等。他に、児童への性的虐待、性問題行動のある知的障害児者をテーマとした学会発表、研修等。

性問題行動のある知的・発達障害児者の支援ガイド
――性暴力被害とわたしの被害者を理解するワークブック

2016年5月23日　初版第1刷発行
2023年5月23日　初版第3刷発行

著　者　本　多　隆　司
　　　　伊　庭　千　惠
発行者　大　江　道　雅
発行所　株式会社　明石書店
　〒101-0021　東京都千代田区外神田 6-9-5
　　電　話　03 (5818) 1171
　　ＦＡＸ　03 (5818) 1174
　　振　替　00100-7-24505
　　https://www.akashi.co.jp/
装幀　明石書店デザイン室
印刷　株式会社文化カラー印刷
製本　協栄製本株式会社

(定価はカバーに表示してあります)　　ISBN 978-4-7503-4349-5

[JCOPY]〈出版者著作権管理機構　委託出版物〉
本書の無断複製は著作権法上での例外を除き禁じられています。複製される場合は、そのつど事前に、出版者著作権管理機構（電話 03-5244-5088, FAX 03-5244-5089, e-mail: info@jcopy.or.jp）の許諾を得てください。

心理教育教材

「キックスタート,トラウマを理解する」活用ガイド

問題行動のある知的・発達障害児者を支援する

本多隆司、伊庭千惠 [著]

◎B5判／並製／104頁　◎2,000円

トラウマ（心的外傷）があり、あわせて問題行動のある知的・発達障害児者のための心理教育教材「キックスタート,トラウマを理解する」と児童期逆境体験ACEsのスクリーニング「子ども時代のつらかった体験（ACEs）質問表」を具体的に紹介する。

《内容構成》

『子ども時代のつらかった体験（ACEs）質問表』
『キックスタート,トラウマを理解する』活用ガイド
　1. トラウマ
　2. スクリーニングから心理教育へ
　3. 実践
　4. 事例による解説
　5. トラウマ・インフォームド・ケアTICの導入

実践のためのツール
　キックスタート,トラウマを理解する
　子ども時代のつらかった体験（ACEs）質問表
　「子ども時代のつらかった体験（ACEs）質問表」に答える人の同意書（例）
　「子ども時代のつらかった体験（ACEs）質問表」結果整理表

〈価格は本体価格です〉

反社会的行動のある子どものリスク・アセスメント・リスト
少年版EARL-20B、少女版EARL-21G

チャイルド・ディベロップメント・インスティテュート 著
本多隆司 監訳
ASB研究会 監訳

A5判/上製/228頁 ◎3500円

カナダで開発された12歳以下の少年・少女を対象とした早期リスク・アセスメント・リスト。将来の反社会的行動に関与するリスクを検討する。重大な反社会的行動問題のある12歳以下のハイリスクの少年・少女を対象とした業務経験のある臨床家や専門家によって使用される。

●内容構成●

第1部　反社会的行動のある子どものリスク・アセスメント・リスト――少年版EARL-20B Version 2

EARL-20B 使用者への注意/まえがき/序論/概要

子ども項目（C）
家族項目（F）　F1：世帯の状況　F2：養育のスタイル　F3：サポート　F4：ストレッサー　F5：養育者の継続性　F6：反社会的な価値観と行為
C1：発達上の問題　C2：行動上の問題の開始　C3：虐待/ネグレクト/トラウマ　C4：多動性/衝動性/注意欠如（HIA）　C5：好感度　C6：仲間との社会的交流　C7：学業での成果　C8：地域の状況　C9：警察等との接触　C10：反社会的態度　C11：反社会的行動　C12：コーピング能力

治療応答性項目（R）　R1：家族の治療応答性　R2：子どもの治療応答性

事例　高リスク事例　中リスク事例　低リスク事例　文献

補遺　A：EARL-20B Ver.2 サマリーシート　B：用語対照表　C：研究成果　D：子ども発達研究所（CDI）におけるEARL-20B使用方法

第2部　反社会的行動のある子どものリスク・アセスメント・リスト――少女版EARL-21G Version 1 Consultation Edition

---

性問題行動のある知的障害者のための16ステップ【第2版】
「フットプリント」心理教育ワークブック

クリシャン・ハンセン、ティモシー・カーン 著
本多隆司、伊庭千惠 監訳

■B5判/並製/316頁 ◎2600円

逸脱した性問題行動を抱える知的障害のある人への治療・教育を目的としたワークブック。現場から得られたデータに基づく再発防止モデルをもとに当事者が積極的に取り組めるよう、イラストを豊富に使い、工夫をこらした。新しい知見を加え、内容を充実させた改訂版。

●内容構成●

ステップ1　自分のことをしろう
ステップ2　カウンセリングって
ステップ3　なんだろう
ステップ4　正しいタッチ
ステップ5　わたしの歴史
ステップ6　境界線
ステップ7　性的な気もちと人間関係
ステップ8　正しい考えかた
ステップ9　きっかけ
　　　　　危険ゾーン
ステップ10　選択
ステップ11　気もち
ステップ12　行動のサイクル
ステップ13　被害者と共感
ステップ14　安心して生活するためのわたしの計画
ステップ15　復習してまとめよう
ステップ16　フットプリントを実行して生きるフットプリントの実施と支援のために　監訳者あとがきにかえて

〈価格は本体価格です〉

イラスト版 子どもの認知行動療法

《6～12歳の子ども対象 セルフヘルプ用ガイドブック》

子どもによく見られる問題をテーマとして、子どもが自分の状態をどのように受け止めればよいのか、ユーモアあふれるたとえを用いて、子どもの目線で語っています。問題への対処方法も、世界的に注目を集める認知行動療法に基づき、親しみやすいイラストと文章でわかりやすく紹介。絵本のように楽しく読み進めながら、すぐに実行に移せる実践的技法が満載のシリーズです。保護者、教師、セラピスト、必読の書。

① だいじょうぶ 自分でできる **心配の追いはらい方ワークブック**
② だいじょうぶ 自分でできる **怒りの消火法ワークブック**
③ だいじょうぶ 自分でできる **こだわり頭[強迫性障害]のほぐし方ワークブック**
④ だいじょうぶ 自分でできる **後ろ向きな考えの飛びこえ方ワークブック**
⑤ だいじょうぶ 自分でできる **眠れない夜とさよならする方法ワークブック**
⑥ だいじょうぶ 自分でできる **悪いくせのカギのはずし方ワークブック**
⑦ だいじょうぶ 自分でできる **嫉妬の操縦法ワークブック**
⑧ だいじょうぶ 自分でできる **失敗の乗りこえ方ワークブック**
⑨ だいじょうぶ 自分でできる **はずかしい![社交不安]から抜け出す方法ワークブック**
⑩ だいじょうぶ 自分でできる **親と離れて飛び立つ方法ワークブック**

著:①〜⑥ ドーン・ヒューブナー ⑦〜⑨ ジャクリーン・B・トーナー、クレア・A・B・フリーランド
⑩ クリステン・ラベリー、シルビア・シュナイダー
絵:①〜⑥ ボニー・マシューズ ⑦ デヴィッド・トンプソン ⑧〜⑩ ジャネット・マクドネル
訳:上田勢子

B5判変型 ◎1500円

〈価格は本体価格です〉

自分でできるコグトレ
Cognitive Trainin
学校では教えてくれない
困っている子どもを支える
トレーニングシリーズ

宮口幸治【著／編著】
◎B5判変型／並製／◎各巻 1,800円

① 学びの土台を作る
　　ためのワークブック

② 感情をうまくコントロールする
　　ためのワークブック

③ うまく問題を解決する
　　ためのワークブック

④ 正しく自分に気づく
　　ためのワークブック

⑤ 対人マナーを身につける
　　ためのワークブック

⑥ 身体をうまく使える
　　ためのワークブック

〈価格は本体価格です〉

教室の「困っている子ども」を支える7つの手がかり
この子はどこでつまずいているのか？
宮口幸治、松浦直己著
◎1300円

教室の困っている発達障害をもつ子どもの理解と認知的アプローチ
非行少年の支援から学ぶ学校支援
宮口幸治著
◎1800円

性の問題行動をもつ子どものためのワークブック
発達障害・知的障害のある児童・青年の理解と支援
宮口幸治、川上ちひろ著
◎2000円

子ども・家族支援に役立つアセスメントの技とコツ
よりよい臨床のための4つの視点、8つの流儀
川畑隆編著
◎2200円

発達相談と新版K式発達検査 子ども・家族支援に役立つ知恵と工夫
大島剛、川畑隆、伏見真里子、笹川宏樹、梁川惠、衣斐哲臣、
菅野道英、宮井研治、大谷多加志、井口絹世、長嶋宏美著
◎2400円

発達障害がある子のための「暗黙のルール」
〈場面別〉マナーと決まりがわかる本
ブレンダ・スミス・マイルズほか著　萩原拓監修　西川美樹訳
◎1400円

医療・保健・福祉・心理専門職のためのアセスメント技術を高めるハンドブック（第3版）
ケースレポートとケース記録の方法から
ケース検討会議の技術まで　近藤直司著
◎2000円

医療・保健・福祉・心理専門職のためのアセスメント技術を深めるハンドブック
精神力動的な視点を実践に活かすために
近藤直司著
◎2000円

性的虐待を受けた子ども・性的問題行動を示す子どもへの支援
児童福祉施設における生活支援と心理・医療的ケア
八木修司、岡本正子編著
◎2600円

子どもの性的問題行動に対する治療介入
保護者と取り組むバウンダリー・プロジェクトによる支援の実際
エリアナ・ギル、ジェニファー・ショウ著
高岸幸弘監訳　井出智博、上村宏樹訳
◎2700円

自閉症スペクトラム障害とセクシュアリティ
なぜぼくは性的問題で逮捕されたのか
トニー・アトウッド、イザベル・エノー、ニック・ドゥビン著　田宮聡訳
◎2500円

家庭や地域における発達障害のある子へのポジティブ行動支援PTR-F
子どもの問題行動を改善する家族支援ガイド
グレン・ダンラップほか著　神山努、庭山和貴監訳
◎2800円

アスペルガー症候群に特化した就労支援マニュアルESPIDD
職業カウンセリングからフォローアップまで
梅永雄二、井口修一著
◎1600円

自閉症スペクトラム障害（ASD）社員だからうまくいく
才能をいかすためのマネージメントガイド
マーシャ・シャイナー、ジョーン・ボグデン著　梅永雄二訳
◎2400円

ADHDの僕がグループホームを作ったら、モヤモヤに包まれた
障害者×支援＝福祉??
山口政佳著　田中康雄ゲスト
◎1600円

心の発達支援シリーズ【全6巻】
永田雅子、松本真理子、野邑健二監修
◎各巻2000円

〈価格は本体価格です〉